冤罪疑惑
「恵庭OL殺人事件」の謎を解く

法律 太郎

ブックウェイ

はじめに

1 恵庭（えにわ）OL殺人事件とは

(1) 冤罪（えんざい）が疑われる謎多き事件

　恵庭OL殺人事件とは、平成12年3月17日、北海道恵庭市で、焼死体が発見されたことにより発覚した、殺人事件である。

　当時、マスコミが大きく取り上げた事件であり、特に地元の北海道では、著名な事件である。

　冤罪が疑われる謎多き事件、屈指のミステリー事件として、インターネット上でも大きく議論された事件である。

(2) 意外な容疑者

　犯人は、OLのH.Kさん（24歳）の頸部を圧迫して殺害し、死体に灯油類をかけて焼損するという、残虐な事件であった。

　事件の残虐性や、死体の両足が、股関節から大きく開脚していたことから、男性による強姦等の性犯罪を疑わせるところがあった。

　しかし、警察は、H.Kさんの職場の同僚女性のO.Mさん（29歳）に疑いをかけた。O.Mさんは、小柄な女性であり、事件の残虐性からすると、容疑者としては意外な人物であった。

　警察がO.Mさんに疑いをかけた主な理由は、

①死体発見日の前日の3月16日に、O.MさんとH.Kさんが連れ立って退社し、O.Mさんが、H.Kさんの最後の接触者であったこと、

②事件前に、O.Mさんが、交際していた職場の上司のI.Mさん（29歳）を、H.Kさんに奪われた状況にあったこと、

③事件前に、O.Mさんが、H.Kさんに対して、多数回の無言電話をしていたことであった。

　警察は、O.Mさんを任意同行して、取調べ、自白を迫った。しかし、O.Mさんは、自白を迫られ、取調べ中、意識を失って倒れ、約1か月間、病院に入院したが、一貫して無実を主張し、自白をしなかった。O.Mさん

の犯行を裏付ける直接証拠はなく、状況証拠しかなかった。

また、事件後、①何者かが、H.Kさんの携帯電話から発信し、それを職場のH.Kさんのロッカー内に戻し、また、②何者かが、H.Kさんの所持品を、森に投棄するという、ミステリーがあった。

警察は、O.Mさんを逮捕し、検察官は、O.Mさんを起訴した。

マスコミは、世間を震撼させた殺人事件は、三角関係のもつれが動機の事件と、センセーショナルに取り上げた。O.Mさんの逮捕後は、連日、ワイドショーで放映されたほどだった。

(3) 刑事裁判

刑事裁判では、検察官は、O.Mさんが、自分の車内で、同乗していたH.Kさんの首を、タオルで絞めて殺害したと主張した。

この点、H.Kさんの首をタオルで絞めて殺害しようとする場合、H.Kさんの激しい抵抗に遭うから、犯人が、H.Kさんより体格や体力が上回っていないと、行い難いと考えられた。

しかし、H.Kさんは、身長162cm、体重約51kg、握力45kg位であったのに対して、O.Mさんは、身長148.2cm、体重48kg、握力20kg位で、O.Mさんの方が体格や体力が下回ることから、O.Mさんが、H.Kさんを絞殺できるのか、疑問が残るところがあった。

また、①O.Mさんの車内から、H.Kさんの指紋、掌紋、血液、体液、糞尿、毛は、発見されず、②O.Mさんが事件翌日に出社した際、O.Mさんは、平常通りで、外傷を負っていた様子はなかった。

また、刑事裁判では、O.Mさんの弁護人は、①警察による予断と偏見に満ちた見込み捜査、②警察による証拠のねつ造、③検察官による証拠隠し、④検察官による不当なアリバイ成立阻止などを主張している。

検察側と弁護側で、激しく争われたが、札幌地方裁判所は、懲役16年の有罪判決を下し、札幌高等裁判所、最高裁判所も、それを支持して、O.Mさんの有罪判決が確定した。

(4) 冤罪疑惑

しかし、判決では、O.Mさんが犯人と認定されたが、O.MさんがH.Kさんを本当に殺害できるのか等、判決も合理的に説明できていない多くの

事実が残されている。

　殺人事件であるにもかかわらず、殺害の実行可能性、殺害態様に疑問が残るところがあり、冤罪が疑われている。

　最高裁判所でO.Mさんの有罪判決が確定した後も、O.Mさんは、再審（裁判のやり直し）請求をした。

　しかし、札幌地方裁判所は、その請求を退け、札幌高等裁判所、最高裁判所も、それを支持して、現在に至っている。

2　本書の構成

　本書は、第1部「事実」、第2部「検討～犯人は被告人か」と、2部で構成される。

(1)　第1部「事実」

　まず、第1部では、本件の主要な事実を、整理して記載した。もともと著者は、本件事件に興味を持ち、自分で考えてみたいと思い、主要な事実を整理した。

　この事実の整理により、読者も同じように考えることができ、推理小説のようにそれを楽しめることができるのが、本書の特徴である。

(2)　第2部「検討～犯人は被告人か」

　次に、第2部では、犯人は被告人かについて、裁判所の判断を踏まえつつ、著者の検討内容を記載している。

　あくまで著者の私見であるが、その研究結果を発表したいと考え、本書を出版した次第である。

目　次

はじめに……………………………………………………………………… 2

第1部　事実 …………………………………………………………… 13

第1章　事件関係者・関係先 ……………………………………… 14
第2章　事件当時(1) ………………………………………………… 18
　第1　被害者の死体 ………………………………………………… 18
　第2　事件当日（3月16日）の被害者の行動 ………………… 24
　第3　被害者の車両 ………………………………………………… 25
　第4　死体発見現場の周辺住民3人の目撃供述 ……………… 25
第3章　事件前 ………………………………………………………… 32
　第1　被告人とI.Mと被害者の関係 …………………………… 32
　第2　被告人の被害者に対する無言電話 ……………………… 44
第4章　事件当時(2) ………………………………………………… 49
　第1　事件当時（3月15日夜〜18日）の被告人の行動…… 49
　第2　被告人の車両………………………………………………… 63
　第3　被害者の殺害や死体の焼損に関する、検察官と弁護人の主張…… 64
　第4　被害者の携帯電話 …………………………………………… 75
第5章　事件後 ………………………………………………………… 85
　第1　捜査 …………………………………………………………… 85
　第2　事件後（3月19日以降）の被告人の行動 ……………… 94
　第3　被告人の車両のタイヤの損傷 …………………………… 97
　第4　灯油 …………………………………………………………… 99
　第5　被害者のロッカーの鍵 ……………………………………… 103
　第6　被害者の所持品 ……………………………………………… 107
　第7　起訴後 ………………………………………………………… 118

第2部　検討〜犯人は被告人か　……………………………………… 119

第1章　犯人の行動　………………………………………………… 120
第1　犯行　………………………………………………………… 120
第2　被害者の携帯電話　………………………………………… 121
第3　被害者の所持品　…………………………………………… 124
第4　犯人の行動のまとめ　……………………………………… 126

第2章　被告人が犯人であることを推認させる間接事実　……… 128
第1　被害者の携帯電話(1)
　　　　〜被害者の携帯電話を、被害者のロッカー内に戻した者　……… 128
第2　被害者の携帯電話(2)
　　　　〜被害者の携帯電話の所持者としての動き　………………… 131
第3　被害者の携帯電話(3)
　　　　〜被害者の携帯電話から、I.Mの携帯電話に発信した者　……… 136
第4　灯油　………………………………………………………… 140
第5　被害者の所持品　…………………………………………… 146
第6　被告人の被害者に対する無言電話等　…………………… 149
第7　被害者のロッカーの鍵　…………………………………… 152
第8　被告人は、被害者と最後の接触者であること　………… 154
第9　被告人の車両のタイヤの損傷　…………………………… 155
第10　検討結果　…………………………………………………… 158

第3章　被告人が犯人であるとしたら、被告人は、どのように考えて、
　　　　どのように行動したと考えられるか　………………………… 161
第1　犯行前(1)　…………………………………………………… 161
第2　犯行前(2)〜被害者の車両　………………………………… 164
第3　殺害(1)　……………………………………………………… 166
第4　殺害(2)〜被告人の車両　…………………………………… 174
第5　被害者の死体の焼損(1)　…………………………………… 177
第6　被害者の死体の焼損(2)　…………………………………… 180
第7　被告人の車両のタイヤの損傷　…………………………… 181

第8	被害者の携帯電話(1)	182
第9	被害者の携帯電話(2)	187
第10	被害者の携帯電話(3)	191
第11	その後	193
第12	灯油	196
第13	被害者の所持品	197
第14	被害者のロッカーの鍵	201

第4章 被告人が犯人であるとした場合のその他の問題点 …………… 214
　第1　アリバイ ……………………………………………………… 214
　第2　灯油 …………………………………………………………… 225
　第3　死体発見現場の周辺住民が目撃した2台の車 ……………… 228
　第4　被害者の死体の両足の開脚 ………………………………… 232
第5章 被告人が犯人ではないとした場合の問題点 …………………… 234
第6章 結論 ……………………………………………………………… 235

主な事実経過

- 平成12年3月16日午後9時30分頃
  被害者と被告人が、連れ立って退社する。
- 3月17日午前8時20分頃
  被害者の焼死体が、北海道恵庭市北島の農道の脇で発見される。
- 3月17日午後3時05分頃
  被害者の携帯電話が、職場の被害者のロッカー内で発見される。
- 3月17日午後8時19分頃
  被害者の車両が、JR長都駅前の道路上で発見される。
- 4月14日
  警察が、被告人を任意同行して、取調べ、また、被告人方を捜索し、また、被告人の車両を差し押さえる。
  被害者のロッカーの鍵が、被告人の車両のグローブボックスの中から発見される。
- 4月15日
  被害者の所持品が、「早来町民の森」で発見される。
- 5月23日
  警察が、被告人を逮捕する。
- 6月13日
  検察官が、被告人を起訴する。

地図

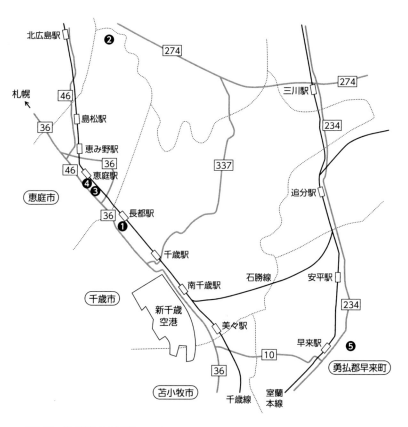

❶Kビール事業所の配車センター
❷死体発見現場
❸ガソリンキング恵庭店
❹ビブロス恵庭店
❺早来町民の森(被害者の所持品の発見現場)

死体発見現場の周辺

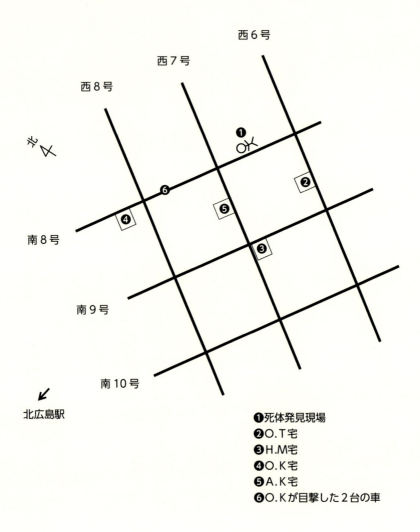

❶死体発見現場
❷O.T宅
❸H.M宅
❹O.K宅
❺A.K宅
❻O.Kが目撃した2台の車

Kビール事業所の配車センター

1階の平面図

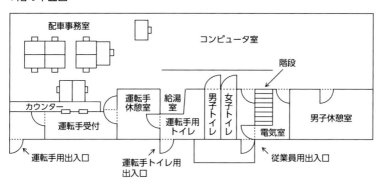

2階の平面図

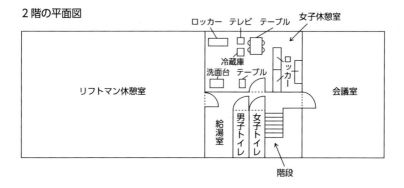

第1部
事 実

はじめに

　第1部では、本件の主要な事実を、整理して記載した。但し、事実の内容や整理の仕方に、適切ではないと評価される部分がある可能性があることを、ご了承いただきたい。
　以下、年度を特に記載しない限り、「平成12年」のことをいう。都道府県を特に記載しない限り、「北海道」のことをいう。敬称は省略する。
　また、供述や主張について、例えば、「甲は、〜と供述している」と記載されている場合、その供述が信用できるか、信用できないかという問題があることに注意を要する。また、例えば、「検察官は、〜と主張している」と記載されている場合も、その主張が合理的な主張か、そうではないかという問題がある。
　また、検察官の主張は、必要最小限しか記載していない。
　また、第1部では、確定審(1審、2審、上告審)で明らかになった事実を記載している。再審請求審で明らかになった事実は、第2部「検討〜犯人は被告人か」で触れている。

第1章

事件関係者・関係先

1　被害者のH.K

　H.Kは、本件事件の被害者である。以下、「被害者」という。女性で、事件当時24歳であった。

　平成12年3月17日、北海道恵庭市北島の農道の脇で、焼死体が発見され、翌18日、死体は、H.Kであると判明した。

　被害者は、北海道苫小牧市字美沢に、両親らと住んでいた。実家は、牧場を営んでいた。

　平成10年11月、N通運㈱札幌東支店Kビール事業所に、アルバイトとして採用され、自動車営業課に配属され、同11年7月、契約社員に昇格し、同年10月、配車センター（建物）にある、工場構内課に配属された。

　工場構内課の上司の主任のI.Mは、「平成12年3月11日夜から翌12日未明、被害者に、交際を申し込み、承諾されて、交際を開始した」と供述している。

　職場の複数の者は、「被害者は、仕事がよくできた。明るくて、活発な女性だった。他人に気を使い、先輩である被告人にも気を使っていた」と供述している。

　身長が162cm、体重が約51kg、握力が45kg位であった。

　中学時代はテニス部、高校時代は陸上部に入っていた。

　職場（Kビール事業所の配車センター）には、車で通勤していた。車は、三

菱パジェロジュニアであった。ショルダーバッグに、携帯電話、財布、眼鏡入り眼鏡ケース、化粧品、電話帳機能付電卓などを入れて、通勤していた。

セルラー（その後、au）の携帯電話を使用していた。

2　被告人のO.M

(1)　O.Mは、本件事件の被疑者（捜査段階、起訴前）であり、被告人（起訴後）であり、受刑者（懲役刑の有罪判決確定後、刑務所出所前）である。以下、「被告人」という。女性で、事件当時29歳であった。

(2)　被告人は、北海道勇払郡（ゆうふつぐん）早来町（はやきたちょう）に、両親と住んでいた。早来駅の近くに住んでいた。早来町は、平成18年、追分町と合併して、安平町（あびらちょう）となっている。

また、被告人の父が、以前勤務していた木材会社の社宅（早来町大町所在）を賃借していて、被告人は、度々、社宅を訪れていた。社宅には、以前、家族で住んでいて、事件当時、被告人は、自分の荷物を置いていた。

(3)　被告人は、平成10年1月、N通運㈱札幌東支店Kビール事業所に、アルバイトとして採用され、配車センター（建物）にある、工場構内課に配属された。同11年7月、契約社員に昇格した。

事件当時、被告人と被害者は、同じ工場構内課で働く職場の同僚であり、被告人は、被害者の先輩であった。

(4)　平成10年9月頃又は5月頃、被告人は、I.Mから、交際を申し込まれ、承諾して、交際を開始した。被告人とI.Mは、Kビール事業所の他の従業員に、交際を秘密にしていた。I.Mは、バイクのレースやスノーボードが趣味であったので、週末にはよく2人で、レース場やスキー場に出かけた。

しかし、I.Mは、「平成12年2月27日、被告人に、『結婚する妥協線が見えない』と言った」と供述している。さらに、I.Mは、「平成12年3月12日夜、被告人に、『もう（気持ちが）盛り上がってこない』と言った」と供述している。

(5)　職場の複数の者は、「被告人は、責任感が強く、真面目で、仕事がよくできた」と供述している。

身長が148.2cm、体重が48kg、握力が20kg位であった。また、被告人は、

「生まれつき、右手の薬指と小指の発達が遅れた短指症の障害がある。食堂でアルバイトをしていたとき、ラーメンどんぶりを、片手に1個ずつ持って運ぶこともできなかった」と供述している。

職場（Kビール事業所の配車センター）には、車で通勤していた。車は、日産マーチであった。

NTTドコモの携帯電話を使用していた。

3 I.M

I.Mは、本件事件で、検察官が、被害者と被告人と三角関係にあったと主張している者である。男性で、事件当時29歳であった。

北海道札幌市清田区に、両親と住んでいた。

I.Mは、平成5年、N通運㈱札幌東支店Kビール事業所に、正社員として採用され、配車センター（建物）にある、工場構内課に配属された。

事件当時、被害者と被告人の上司で、工場構内課の主任であった。

被告人は、「I.Mは、積極的で行動的な性格である」と供述している。バイクのレースやスノーボードが趣味であった。

職場（Kビール事業所の配車センター）には、車で通勤していた。

NTTドコモの携帯電話を使用していた。しかし、平成12年3月7日、自分の携帯電話を紛失した。

3月16日の事件当日、午後11時頃まで残業していたため、明確なアリバイがあった。

4　Kビール事業所

(1)　N通運㈱札幌東支店Kビール事業所は、北海道千歳（ちとせ）市上長都（かみおさつ）所在の、Kビール㈱千歳工場の敷地内にあった。JR長都（おさつ）駅の南口の近くにあった。

工場で生産された製品を、各地に出荷搬送する事業所であった。

JR長都駅の南側は、工場や倉庫のある工業地帯であった。

(2)　Kビール事業所の従業員は、①事務職員、②リフトマン（商品をリフトでトラックに積み降ろしする）、③トラック運転手の3種の従業員がいた。

従業員は、53人いた。所長（男性）、工場構内課（男性6人、女性4人）、自動車営業課（男性3人、女性1人）、リフトマン（男性24人）、運転手（男性14人）であった。

被害者、被告人、I.Mは、いずれも事務職員で、配車センター（建物）にある、工場構内課に配属されていた。工場構内課の従業員は、配車センター（建物）で働き、自動車営業課の従業員は、別棟で働いていた。

(3) 工場構内課には、男性6人、女性4人がいた。

男性6人は、①課長、②係長、③係長、④主任のI.M（29歳）、⑤課員のS.Sらであった。

女性4人は、①被告人（29歳）、②S.Y（25歳）、③被害者（24歳）、④T.N（21歳）で、いずれも契約社員であった。

5 配車センター（建物）

配車センターは、2階建ての建物であった。

(1) 1階には、配車事務室などがあった。工場構内課の従業員は、1階の配車事務室で働いていた。

(2) 2階には、女子休憩室などがあった。

女子休憩室には、テーブル、テレビ、冷蔵庫、洗面台、4個のロッカーがあった。

4個のロッカーは、工場構内課の女性従業員4人（被害者、被告人、S.Y、T.N）が、各1個を使用していて、制服や持ち物が入れられていた。

工場構内課の女性従業員4人は、女子休憩室で、制服に着替えたり、昼食をとったりしていた。

第**2**章

事件当時（1）

第1　被害者の死体

1　焼死体の発見（3月17日）

　平成12年3月17日午前8時20分頃、北海道恵庭市北島の農道の脇（恵庭市北島39番先市道南8号路上）で、幼稚園職員が、送迎バスを運転して園児の送迎中に、焼死体らしきものを発見した。

　同職員は、近所の住民（主婦）に、確認を依頼した。同住民は、車で現場に見に行き、焼死体を確認した。同住民は、パニックになって、親戚の家に行き、親戚の家の主婦を助手席に乗せて、再度、車で現場に見に行き、焼死体を確認した。そして、同住民は、午前8時40分頃、119番通報をした。110番通報をしたつもりが、間違って119番通報をしてしまった。

　その後、消防車が、現場に到着した。午前9時30分頃から、千歳警察署は、鑑識活動を開始した。

2　死体発見現場

(1)　死体発見現場は、農道の脇であった。
　　周辺は、畑地が広がっている農村地帯であった。
　　死体発見現場は、交通量が少なく、夜は街灯もなく真っ暗な場所であった。

事件当時（3月16日の夜）、農道は、凍結し、農道の脇は、雪が積もっていた。周辺の畑地も、雪が積もっていた。

農道は、北西方向と南東方向を結ぶ道路であった。
(2) 死体発見現場には、被告人の足跡、被告人の車両のタイヤ痕、引きずり痕はなかった。また、金属板、燃えた木や炭の固まりなどもなかった。
(3) 北海道警の科学捜査研究所の山形典夫の鑑定により、死体発見現場の残物から、灯油成分が検出された。

ただ、これが、灯油と灯油型航空機燃料のいずれであるかまでは、判別できなかった。

3 死体の状況

(1) 死体は、農道の東側にあり、農道とほぼ平行な状態であった。死体から農道までの距離は、約45cmであった。

頭部は、北西方向にあった。仰向け状態であった。
(2) 全身は、かなり高度に焼損炭化していた。背部の筋肉が、露出し、骨盤の左右腸骨稜部及び腰椎が、露出して炭化するなどしていた。特に、頸部と陰部の炭化がひどかった。また、特に、右胸部から下腹部にかけて、皮膚が断裂して骨や肉組織が露わとなっていた。
(3) タオル様の布で目隠しされていた。タオル様の布は、鉢巻状態で一周して、後頭部付近でしっかりと結ばれていた。目隠し部分は、中等度に焼けていた。舌先は、口唇から露出していた。
(4) 右腕は、肘部で屈曲し、右手部は、背部下にあった。

左腕は、肘部で屈曲し、左手部は、左側胸部上方にあった。「小さな前ならえ」をするような形であった。

両足は、股関節から大きく開脚していた。膝部で軽く屈曲していた。両足先は、焼け細っていた。
(5) 前胸部の周辺に、ブラジャーのワイヤー様の物の残燃物があった。右胸ブラジャーのワイヤー様の物は、右乳房の上方にあり、左胸ブラジャーのワイヤー様の物は、左乳房の下にあり、ブラジャーのワイヤー様の物は、大きくずれていた。

左肩から左肘にかけての背中側に、着衣の残燃物が付着し、その背面の地面上に、着衣等の残焼物があった。
　　　左足下の地面に、右足用短靴の残燃物があった。左足先から約35cm離れた場所に、左足用短靴があった。
⑹　北海道大学医学部教授の寺沢浩一により、姦淫の事実はなかったと鑑定された。死体の膣内には、精子や酸性フォスファターゼが検出されなかったことが理由とされた。

4　死因

⑴　同じく寺沢浩一により、死因は、頸部圧迫による窒息死であると鑑定された。死体の左眼瞼結膜などに、溢血点が存在したことが主な理由とされた。
　　　つまり、犯人は、被害者の頸部を圧迫して殺害し、死体に灯油類をかけて焼損したものであった。
⑵　検察官は、犯人は、タオルで、被害者の首を絞めたと主張している。
　　　しかし、タオルは、死体発見現場からも、被告人の関係先からも、発見されなかった。
⑶　死体の頸部に、索条様のものはなかった。
　　　被害者は、睡眠薬などで意識を失っていた形跡はなかった。また、頭部を鈍器等で殴られた形跡もなかった。
　　　被害者の母は、「被害者は、事件当時、生理中だった」と供述している。

5　被害者の判明（3月18日）

　　3月17日午後1時14分頃、H.Kの親は、16日にH.KがKビール事業所の配車センターに出社したが、17日になっても自宅に帰ってこないし連絡がとれないことから、警察に110番通報をした。
　　警察は、死体がH.Kの可能性があると考え、17日午後2時頃、Kビール事業所の配車センターに行き、女子休憩室内のH.Kのロッカーやロッカー内の私物から、指紋を採取した。指紋を照合したところ、死体は、H.Kであると認められた。3月18日昼頃、警察は、死体がH.Kであると発表した。

6　法医学の専門家の上野正彦の鑑定・供述

　上野正彦は、元東京都監察医務院長で、著名な法医学の専門家である。「死体は語る」の著者である。

　２審裁判で、証人として、供述した。弁護人が、１審判決後に、同氏に依頼したことによるものであった。以下のような鑑定・供述をしている。

- **死体の姿勢について**

　一般的に、焼死体は、闘士型（ボクサースタイル）となる。筋肉が収縮し、上下肢の関節が屈曲し、ボクサーが相手に対して構えた姿勢に似るからである。

　しかし、本件の死体は、両足が、股関節から大きく開脚しており、これは、焼損前に、大きく開脚された状態にあったと考えられる。本件の死体は、一般的な焼死体とは異なり、強姦死体に似た姿勢である。

- **死体の焼損について**

　犯人が死体を焼損するのは、身元を分からなくする場合や、証拠隠滅の場合が考えられる。

- **姦淫の事実の有無について**

　姦淫の事実があった可能性がある。理由は、以下のような理由である。

　①死体は、一般的な焼死体とは異なり、強姦死体に似た姿勢である。また、被害者は、24歳の若い女性である。また、死体は、特に陰部の炭化がひどく、これは証拠隠滅の可能性がある。よって、男性による強姦等の性犯罪を疑う必要がある。

　②寺沢鑑定書は、精子や酸性フォスファターゼが検出されなかったことを理由として、姦淫の事実はなかったと結論付けている。しかし、男性による強姦等の性犯罪を疑う必要があるにもかかわらず、膣や子宮の損傷についての記載がなく、また、サックが使用された可能性にも触れていない。よって、寺沢鑑定書には、考察、説明の不十分な点がある。

　以上より、姦淫の事実があった可能性がある。

- **死因について**

　寺沢鑑定書は、左眼瞼結膜などの溢血点を主な理由として、死因は、頸部圧迫による窒息死であると結論付けている。

しかし、急死でも、溢血点は出現するし、また、頸部圧迫を立証するためには、頭蓋底錐体内うっ血の有無の観察が必要であるが、その点についての記載がない。よって、寺沢鑑定書には、考察、説明の不十分な点がある。

ただ、死因は、頸部圧迫による窒息死である可能性が高い。

- **凶器について**

頸部圧迫による窒息死の場合、凶器等は限定され、タオル様の布などで、被害者の首を絞める場合や、上肢の肘関節を使って、被害者の首を絞める場合が考えられる。

この点、本件では、犯人は、上肢の肘関節を使って、被害者の首を絞めた可能性が高い。理由は、以下のような理由である。

被害者は、タオルで首を絞められた場合、苦しいからこれを取り除いて少しでも呼吸ができるように、タオルの下に自分の指を入れようとし、自分の指やつめで、自分の首をひっかいてしまい、被害者の首に、防御創として表皮剥脱や皮下出血などが形成されることが多い。

また、被害者が、タオルで首を絞められた場合、被害者の首に、索溝が形成されることが多い。なお、索溝は、幅の狭い物ほど、形成されやすく、幅の広い物ほど形成されにくい。

そして、死体の頸部が焼損炭化した場合でも、防御創や索溝は、ある程度確認できることが多い。しかし、寺沢鑑定書には、死体の頸部の防御創や索溝についての記載がない。

よって、本件では、防御創や索溝はなかったものと考えられ、犯人は、タオルで、被害者の首を絞めた可能性は低く、上肢の肘関節を使って、被害者の首を絞めた可能性が高い。この場合、犯人には、腕等に、被害者の抵抗の跡が残ることが多い。

但し、犯人は、タオルで、被害者の首を絞めた可能性もある。

- **タオルで絞殺する場合について**

タオルで絞殺する場合、U字型に後ろに引っ張る場合と、タオルを首に一周させて、X状に交差させて絞める場合が考えられる。

U字型に後ろに引っ張るだけだと、被害者は、タオルをつかんで防御することが可能で、前屈の方が力が強いから、絞殺することは困難である。

絞殺するには、X状に交差させて絞める必要がある。X状に交差させて絞めれば、柔道でいう「おちる」状態になる場合がある。

　被害者の後ろから、不意に被害者の首にタオルをかけても、U字型になる。X状に交差させるには、①1度手を離してタオルを持ち直すか、②腕を交差することになるが、後者の場合、力が入らない。

　タオルで絞殺する場合、被害者が抵抗し、完全に呼吸が停止するまで時間がかかり、被害者が死亡するまで、教科書的には5分位かかり、実際には10分位かかる。

　当然ながら、犯人が、被害者より体格や体力が上回っていないと、行い難い。

　女性が絞殺する場合、睡眠薬やお酒を飲ませるなどして、抵抗できないようにしてから、することが多い。

　また、犯人には、腕等に、被害者の抵抗の跡が残ることが多い。

- **頸部圧迫による窒息死の場合について**

　頸部圧迫による窒息死の場合、膀胱括約筋、肛門括約筋などが弛緩し、小便や大便の失禁があることが多い。また、被害者が舌を噛んで出血したり、鼻や耳から出血したり、被害者の髪の毛が落ちたりすることが多い。犯人の車内にこれらの痕跡がない場合、殺害現場とは考えにくい。

　但し、小便や大便の体内の保有量により、失禁がない場合もある。また、失禁や出血は、着衣に付着するにとどまる場合もある。被害者が生理中の場合、生理用品の使用により、尿斑が出ない場合もある。また、被害者が出血しない場合もあるし、被害者の髪の毛が落ちない場合もある。犯人が証拠隠滅行為をする場合もある。

第2　事件当日（3月16日）の被害者の行動

1　関係者の供述

(1)　職場の複数の者の供述

職場の複数の者は、以下のような供述をしている。

- **3月16日（木）夕方**

　被害者は、Kビール事業所の配車センター1階の配車事務室で働いていたところ、3月16日午後4時頃、翌日分の注文伝票が回ってきたが、翌々日の3月18日（土）から3連休だったことから、普段の倍くらいの注文伝票が回ってきた。被害者の仕事は、主に、販売促進品や広告品の帳簿管理で、また、注文に事後訂正が入った場合に最終伝票を作成することだった。そのため、被害者は、残業をしなければならなかった。

- **3月16日（木）午後9時30分頃**

　3月16日午後9時30分頃、被害者は、被告人と、他の残っている男性従業員に、「お先に失礼します」と挨拶して、連れ立って退社した。

(2)　被害者の両親の供述

被害者の両親は、以下のような供述をしている。

- **3月16日（木）午後8時30分頃**

　3月16日午後8時30分頃、被害者から自宅に電話があった。被害者の母は、被害者から、「残業で遅くなる」と言われた。その後、被害者の母は、「被害者の姉に代わってほしい」と言われ、代わった。被害者の姉は、午後10時から放送の今井美樹主演の「ブランド」の録画を頼まれた。

- **3月17日（金）**

　3月17日になっても、被害者は、帰宅しなかった。午前9時過ぎに、Kビール事業所に電話をしたが、「被害者は、出社していない」と言われた。被害者の携帯電話に、何度か電話をしたが、誰も出なかった。Kビール事業所の配車センターまでの通勤経路を辿って探し、昼頃に、同所に行ったが、「被害者は、出社していない」と言われた。そこで、午後1時14分頃、警察に110番通報をした。

第3　被害者の車両

1　被害者の車両の発見（3月17日）

(1)　3月17日午後8時19分頃、被害者の車両（三菱パジェロジュニア）が、JR長都駅前の南側の道路上で発見された。

JR長都駅は、無人駅（駅員が常駐しない駅）で、北側と南側に、無料駐車場があった。

被害者の車両が発見されたのは、南側の駐車場の西側の道路上であった。

被害者の車両が発見された道路上は、他にも数台の駐車車両があるような場所であった。

Kビール事業所の配車センターから、被害者車両の発見現場までの距離は、約700mで、車での所要時間は、約2分であった。

(2)　被害者の車両は、発見されたとき、全旋錠かつ全閉の状態であった。

被害者の車両の助手席には、発見されたとき、空になった弁当箱の入ったバッグと、汚れたブラウス2着が入ったビニール袋が置かれていた。

被害者の車両から、被告人の指紋は発見されなかった。

第4　死体発見現場の周辺住民3人の目撃供述

1　O.Tの目撃供述

O.Tは、死体発見現場の周辺住民で、消防団員であった。

(1)　捜査段階での供述～4月6日付け警察官調書

O.Tは、捜査段階の4月6日に、警察官に対して、以下のような供述をしている。

3月16日、就寝するために、1階から2階の寝室へ行こうとした際、1階居間の壁時計が、11時頃だったのを確認した。分までは、今では少し記憶が薄れているが、自分の感覚や記憶では、時計は、午後11時0分頃から午後11時15分頃までの間を指していたことは間違いないと思う。この壁

時計には、大きな誤差はなく、あったとしても１分程度である。
　すぐに２階へ上がると、廊下の北向きの二重窓のガラス１枚を通して、南８号線の道路上に、炎が上がっているのが見えた。炎までの距離は、300ｍから400ｍだと思う。炎の色は、オレンジ色で、その独特の色等から、はっきり炎であると分かった。窓の外のタモの木３本越しに、炎が見えたので、炎全体は見通せない状態であり、炎の大きさははっきりしないが、炎は、見えた範囲では、それほど大きな感じはせず、危険を感じたとか、消防署に通報しようと思うほどではなかった。炎の大きさをあえて言うならば、炎の高さと幅は、それぞれ１ｍ前後の感じだった。よそから来た人が、ごみか何かを燃やしているのだろう位にしか思わなかった。炎の付近には、人や車は見えなかった。10秒位、炎を眺めた後、すぐに寝室へ行き、就寝した。
　炎を見た時間は、先ほどのとおり、炎を見る直前に１階居間の壁時計を見ており、その時間が、午後11時になっていたことは間違いなく、そして自分の記憶や感覚から、その時間は午後11時15分を過ぎておらず、そして、その後すぐに炎を見たことから、炎を見たのは、午後11時０分頃から午後11時15分頃までの間で間違いないと思う。

(2)　捜査段階での供述～５月４日付け検察官調書
　　Ｏ.Ｔは、捜査段階の５月４日に、検察官に対して、以下のような供述をしている。
　　３月16日、２階に行くときに、１階居間の壁時計を見ると、午後11時になっていた。正確な時間までは覚えていないが、午後11時か少し過ぎた午後11時15分頃までの間の時刻であったことは、間違いない。

(3)　１審裁判での供述
　　Ｏ.Ｔは、１審裁判で証人として、以下のような供述をしている。
　　３月16日、就寝するために、歯磨きや洗顔をしながら、１階から２階へ行く際、１階居間の壁時計を見た。その時計は、子供のスクールバスの関係上、絶えずテレビやラジオの時間で合わせているので、正確である。時計は、午後11時頃だった。（検察官からの、「午後11時何分よりは前の時間か」との質問に対して）、５分よりは前だった。（検察官からの、「午後11時

5分よりは前だと言えるのは、なぜか」との質問に対して)、ちょうど時計の針が、午後11時を指していたからである。

捜査段階では、目撃時刻について、「午後11時0分頃から午後11時15分頃までの間」と供述したが、これは、取調官から、少々時間に幅を持たしたほうが無難であると言われ、重大事件であったので、慎重になったからである。

壁時計を見てから2階へ上がるまでは、10秒ほどだった。2階へ上がると、廊下の北向きの二重窓のガラス1枚を通して、南8号線の道路上に、炎が上がっているのが見えた。炎は、高さ1メートル位までオレンジ色に燃え上がって、アーチ型になっていた。付近に、自動車やそのライト、人影などがあるかどうか確認したが、いずれも見えなかった。

2 H.Mの目撃供述

H.Mは、死体発見現場の周辺住民で、主婦であった。

(1) 捜査段階での供述～6月11日付け検察官調書

H.Mは、捜査段階の6月11日に、検察官に対して、以下のような供述をしている。

自分は、2頭の飼い犬の散歩を、基本的に朝と晩に行い、自宅近くの道路を歩かせている。3月16日午後11時ちょっと前のテレビの天気予報を見た後、1頭目の飼い犬の散歩に出かけようと、犬に服を着せたり、自分の身支度をしたりして、犬がすぐに起き上がらなかったので、それを待って、散歩に出発した。1頭目の犬の散歩に出発したのは、午後11時10分から15分頃だが、時計が若干進んでいたため、はっきりした時刻は分からない。

自宅台所横の裏口から外に出たところ、右斜め前方の南8号線上に、明かりが見えた。防風林があったが、冬で葉が落ちていて、晴れていたので、はっきりと見えた。明かりまでの距離は、500mから600mだと思う。(なお、明かりまでの実際の距離は、約558mであった。)明かりは、中心部が濃いオレンジ色で、その周囲の色が段々薄くなっていく状態だった。明かりは、形は、かまぼこ型で、大きさは、家の近くにあるビニールハウスで例

えると、横幅はビニールハウス1棟分、高さはそれを2つ重ねた位に感じた。太陽が地平線に落ちるような感じに見えた。2台の車が向かい合い、互いにライトを照らし合っているのだろう位にしか思わなかった。

南9号線から右折して、A.K宅に行く途中の真ん中に来たときに、明かりが揺れているような状態で、しかもモワモワと白い煙が上がっているのに気付き、車のライトではなく、誰かが何かを燃やしているのだろうと思った。こんな時期に、しかも、夜中に、ごみ等を燃やすだろうかと少し気になり、一瞬その場に行ってみようとも思ったが、何かあっても嫌だったので、A.K宅前付近で引き返して、自宅に戻った。

自宅で、犬の足を拭いたり、服を脱がせたりしてから、今度は、2頭目の犬の散歩に出発した。出発する際にも、自宅前から、炎の明かりを見た。同じ経路で2頭目の散歩を終え、自宅に戻ったところで、炎が気になり、台所の窓を開けて見ると、明かりの大きさは、最初に見た時の3分の1位になっており、段々と消えかかっていくところだった。

午前1時頃、2階寝室の窓ガラス越しに、明かりがあった方を見たが、明かりは全くなかった。

炎の明かりを見た時間は、1頭目の犬の散歩に出発した午後11時10分から15分頃から、2頭目の犬の散歩から自宅に戻った午後11時20分から30分頃ではないかと思うが、はっきりした時間は分からない。

3 O.Kの目撃供述

O.Kは、死体発見現場の周辺住民で、主婦であった。死体発見日当日の平成12年3月17日に、警察から事情聴取された。その後、平成13年9月頃の被告人の1審裁判中に、O.Kは、隣人に、「警察に、『事件当時、死体発見現場付近で、2台の車等を目撃した』と供述したのに、若い女性1人が被告人になっているのはおかしい」と話し、隣人が、被告人の弁護人に連絡した。これにより、弁護人は、O.Kの存在を知り、裁判で証人申請した。弁護人から見ると、検察官による証拠隠しであった。

(1) 捜査段階での供述～3月17日付け警察官調書

O.Kは、捜査段階の3月17日に、警察官に対して、以下のような供述を

している。

• **往路について**

　自分の娘の会社の関係で、毎日、朝と夜、娘をＪＲ北広島駅まで、車で送り迎えしている。3月16日午後11時4分頃、娘を迎えに行くために、車を運転して自宅を出発した。

　自宅を出て、南8号線を直進し、最初の南8号線と西8号線の交差点を右折する際、南8号線の先に、2台の車が停まっているのが見えた。こんな時間に車が停まっている場所ではないので、交通事故か何かかと思った。

　2台の車は、1台は、ワゴン車と思われる車だった。車の色等は、分からなかった。もう1台は、乗用車タイプの車としか分からなかった。

　2台の車が停まっていた位置は、交差点から約200m先だった。後部を背にして、右側にワゴン車と思われる車が停まっていた。もう1台の乗用車タイプの車は、ワゴン車が停まっていた位置よりも先の方にあった。

　2台の車の状況は、テールランプの灯りかどうか分からないが、赤かったような感じだった。2台の車がライトを点灯していたかどうかは、分からなかった。

• **復路について**

　娘を迎えに行き、帰宅したのは、午後11時30分頃だった。帰宅したときは、2台の車が停まっていた場所方向を、意識していなかったので、どんな状況だったのか見てなく、2台の車がまだ停まっていたのか、何かの異常があったかということは、分からなかった。

(2)　1審裁判での供述

　　Ｏ.Ｋは、1審裁判で証人として、以下のような供述をしている。

• **往路について**

　3月16日午後11時5分頃、娘をＪＲ北広島駅まで迎えに行くために、車を運転して自宅を出発した。自宅を出て、南8号線を直進し、最初の南8号線と西8号線の交差点を右折する際、南8号線の先に、2台の車が停まっているのが見えた。自宅を出発してから交差点までは、1分位だった。この場所で車が停まっているのを見たのは、3月16日の前にも後にも、このときだけだった。

2台の車は、1台は、大きい方の車で、ボンゴ車だった。クリームがかった白っぽい車だった。もう1台は、小さい方の車で、軽自動車と分かった。色は、黒か紺だったと思う。
　2台の車が停まっていた位置は、交差点から約150m先だった。道路いっぱいに前後して、1台が前の方に、もう1台が斜め後ろに停まっていた。
　右側の大きい方の車のブレーキランプが、ぱぁっと点いて、消えるのが見えた。だから、多分動いていたのだと思う。これらの車越しに、赤い光のようなものは見えなかった。

- **復路について**

　午後11時15分頃、JR北広島駅で娘を乗せて自宅に向かった。同交差点を左折する際、右方を確認したところ、2台の車が停まっているのが見えた。
　2台の車が停まっていた位置は、先の位置より約200m先（交差点から約350m先）だった。行きに見た2台の車と、形と色が同じだったので、同じ車だと思った。
　小さい方の車に少しかぶさるような感じで、赤い光のようなものが見えた。パトカーの赤色灯だと思い、パトカーが来ていると思った。
　捜査段階では、復路で、赤い光が見えたことについて供述せず、往路で、「赤かったような感じだった」と供述したが、これは、無意識に「見えた」復路の赤い光を、意識的に「見た」と言うのは、嘘になるとの考えがあり、赤い光を見たこと自体が自分にとって重要だったので、往路と復路を区別せずに供述したからである。捜査段階では、供述したことと、供述調書の内容の食い違いについて、あまり気にしなかった。
　（なお、O.Kの復路での2台の車の目撃時刻は、1審裁判では供述されていないが、JR北広島駅を出発した午後11時15分頃に、所要時間の約10分を加えた午後11時25分頃と考えられる。）

4　検察官による証拠不開示

　弁護人は、O.T、H.M、O.Kの全ての供述調書等の証拠開示請求をした。特に、H.Mは、6月11日に、検察官に聴取される前に、必ず警察官に聴取されているはずであり、その警察官調書の開示請求をした。

しかし、検察官は、O.Tについて、4月6日付け警察官調書、5月4日付け検察官調書、H.Mについて、6月11日付け検察官調書、O.Kについて、3月17日付け警察官調書を証拠として提出し、それ以外の供述調書等は、開示しなかった。

第3章

事件前

第1 被告人とI.Mと被害者の関係

1 職場状況

平成5年、I.Mは、N通運㈱札幌東支店Kビール事業所に、正社員として採用され、工場構内課に配属された。

平成10年1月、被告人は、Kビール事業所に、アルバイトとして採用され、工場構内課に配属された。

同年11月、被害者は、同じく、アルバイトとして採用され、自動車営業課に配属された。

平成11年7月、被告人、被害者、S.Yは、契約社員に昇格した。

同年10月頃までは、工場構内課の女性従業員は、①被告人の先輩であった、M.T、②同じく被告人の先輩であった、A.K、③被告人、④S.Yであった。

しかし、同月頃、M.Tが、退職となり、さらに、A.Kが、工場構内課から異動となった。そのため、同月、被害者は、工場構内課に配属された。

さらに、平成12年1月、T.Nは、Kビール事業所に、契約社員として採用され、工場構内課に配属された。

平成12年3月16日の本件事件当時、工場構内課の女性従業員は、①被告人、②S.Y、③被害者、④T.Nであった。

ただ、本件事件により、被害者が死亡したことから、3月21日、A.Kは、

工場構内課に再度、配属された。

2　I.Mの供述
(1)　捜査段階での供述

I.Mは、捜査段階で、以下のような供述をしている。
- **平成10年5月頃**

平成10年5月頃、被告人に、交際を申し込み、承諾されて、交際を開始した。Kビール事業所の他の従業員に、交際を秘密にしていた。被告人とは、結婚を意識した交際だった。
- **平成11年末頃**

平成11年末頃、被告人と、仕事上の意見が衝突し、口論することが多くなり、被告人との関係がぎくしゃくするようになった。
- **平成12年2月19日（土）**

2月19日、Kビール事業所の従業員の歓送迎会の二次会（薄野のスナックで開催）で、被害者の隣の席となり、被害者と親しく話をして、被害者に好意を持つようになった。
- **2月27日（日）**

2月27日、被告人と会い、札幌市清田区の書店コーチャンフォーの駐車場に駐車した自分の車の中で、話をした。被告人から、「私に生理がこなかったらどうする」と聞かれた。被告人とは、仕事上の意見が衝突し、性格も合わないと考えていたので、被告人と結婚する気がないことを伝え、別れ話を持ち出すつもりで、「考えたことがない。仕事のことを言っても聞かないし、結婚する妥協線が見えない」と言った。被告人から、「もう少し考えて」と泣きながら言われたが、気持ちは変わらないと伝えた。
- **3月4日（土）**

3月4日夜、被害者をドライブに誘い、午後10時30分頃から、翌5日午前4時頃まで、室蘭の白鳥大橋までドライブをした。
- **3月7日（火）**

3月7日午後10時頃、職場のロッカー内に置いていた、自分の携帯電話が紛失したことに気付いた。（なお、職場では、仕事中は、携帯電話は、ロッカー

内や車の中に置くことになっていた。)

• **3月8日（水）**

　3月8日、ＮＴＴドコモ北海道に連絡して、携帯電話の通話停止の手続きをとった。

　同日夜、車を運転して、千歳市朝日町所在の「ローソン千歳朝日町店」に行き、その隣にある「かに番家」千歳売店前の公衆電話から、被害者に電話をした。そして、車を運転して、被害者の自宅の牧場に行き、被害者と話をした。

　被害者と話をし終わった後、再び、同じ公衆電話まで戻り、被告人に電話をして、ローソン千歳朝日町店で会う約束をした。被害者の自宅の牧場に行く際、被告人の車が近くを通ったと思い、被告人に電話をした。被告人と、ローソン千歳朝日町店で会い、同店前に駐車した自分の車の中で、話をした。被告人との関係を元に戻す意思は示さなかった。

• **3月11日（土）**

　3月11日夜から翌12日未明、薄野で高校時代の同級生と飲食していた被害者を、車で迎えに行き、ＪＲ長都駅まで送り、同所に車を停めた。そして、被害者に、交際を申し込み、承諾されて、交際を開始した。

• **3月12日（日）**

　3月12日夜、車を運転して、ローソン千歳朝日町店に行き、その隣にある「かに番家」千歳売店前の公衆電話から、被害者に電話をした。

　その際、偶然、被告人と会った。被告人から、「違う女の人のところに電話してたんでないの」と言われたので、「自宅に電話をした」と言って、ごまかした。

　被告人と、それぞれ自分の車を運転して、新千歳空港工事用ゲート前まで行き、同所に駐車した自分の車の中で、話をした。被告人に、「もう（気持ちが）盛り上がってこない」と言い、別れる決意を告げた。

• **3月14日（火）**

　3月14日夜、被害者をドライブに誘い、苫小牧や植苗方面にドライブに行った。被害者から、被害者が卒業した中学校を案内してもらった。

(2)　2審裁判での供述

　　Ｉ．Ｍは、2審裁判で証人として、以下のような供述をしている。

- 被告人との交際について

自分は、両親が不仲で、結婚に対する夢もなく、結婚したいという気持ちはなかった。被告人とは、お互いに結婚を意識した交際ではなかった。

捜査段階では、取調官から、「結婚の意識を全く持たないで、遊びで付き合っていたのか、全くゼロか」と聞かれ、「ゼロではない」と答えたら、「結婚を意識した交際」と書かれてしまった。

- 2月27日（日）

被告人に、「仕事を1人で抱え込み過ぎだ」と仕事上の意見をしたところ、口論となった。被告人から、自分の嫌なことを言われたので、被告人に、「仕事のことを言っても聞かないし、結婚する妥協線が見えない」と言った。腹が立ったので、きついことを言った。別れ話を持ち出したという認識はなかった。別れるなら、きちんと話し合って別れるはずだった。

捜査段階では、取調官から、供述を誘導された。

- 3月12日（日）

被告人に、「もう（気持ちが）盛り上がってこない」と言ったが、これは、「今日は、もう気持ちが盛り上がってこないから、帰ろう」という意味で、別れる決意を告げたわけではなかった。そのときは、被告人に対する気持ちの整理がついていなかった。

3　関係者の供述

(1)　被告人の元交際相手のH.Sの供述

H.Sは、被告人の元交際相手で、事件当時、被告人の友人であった。

H.Sは、以下のような供述をしている。

- 3月6日（月）

3月6日午後11時14分、被告人から自宅に電話があった。被告人から、「I.Mに結婚のことを話したら、考える時間をくれと言われた。もう1週間経ったけど、返事がない。会社で隣の席の女の子と会っているようだ。彼女が机の上に広げていた手帳を見たら、I.Mと会っていることが分かる記載があった」と聞いた。これに対して、「畳と女房は、古いより新しい方がいいという、ことわざがあるように、男は、何年も付き合った女性より、若い女性

に興味がいくものだ」と話した。

- **3月8日（水）**

　3月8日午後11時21分、被告人から電話があった。被告人から、「やっぱり駄目かもしれない。Ｉ.Ｍの車を見つけて、後を追って行ったら、Ｉ.Ｍの車が被害者の自宅に入り、Ｉ.Ｍと被害者が話をしていた。手がぶるぶる震えて涙が止まらない」と聞いた。被告人が相当動揺していたことから、被告人と、苫小牧トラックステーションで会う約束した。

　午後11時39分、被告人から電話があった。被告人から、「苫小牧トラックステーションに着いた」と聞いた。

　その後、被告人から電話があった。被告人から、「これからＩ.Ｍと会うことになったので、今日は会えない」と聞いた。

- **3月9日（木）**

　3月9日午後6時53分、被告人から電話があった。被告人から、「やっぱり駄目みたい」と聞いた。被告人は、泣くばかりで、問いかけても、ほとんど返答できなかった。

- **3月13日（月）**

　3月13日午後6時50分、被告人から電話があった。被告人から、「会社に行くのが嫌だ。行きたくない。Ｉ.Ｍと被害者とどのように接してよいか分からない」と聞いた。「会社では、隣に彼女がいるから辛いよな」と言ったところ、被告人から、「そうなのさ」と言われた。

- **被告人について**

　被告人は、とても他人のことをよく考えていて、自分のことを押し殺してまで他人を立てる優しい性格である。争い事を極力嫌う子である。決して他人に危害を加えることができる子ではない。

(2)　**被告人の友人女性のＩ.Ｋの供述**

　　Ｉ.Ｋは、被告人の小学校来の友人女性であった。Ｉ.Ｋは、以下のような供述をしている。

- **3月12日（日）**

　3月12日昼過ぎ、被告人と会った。会うなり、被告人は、泣き出した。被告人から、「彼氏と喧嘩した。もう駄目かもしれない。彼氏に結婚したいと言っ

たら、それはちょっと考えられないと言われた。会社の女の子と食事に行ったみたいで、最近その子と仲良くしているらしい」と聞いた。被告人が落ち込んでいたので、「それほど思える人がいるなんて、うらやましいよ」と言って、慰めた。

　その後、被告人から、「彼氏が、身内を新千歳空港まで送るので、送ったら自分に電話をしてほしいと言っているのに、電話がかかってこない」と聞いた。

- **3月14日（火）**

　3月14日午後8時頃、被告人から電話があった。被告人から、「あの後、やっぱり気になって新千歳空港に探しに行ったら、ローソンに彼氏の車が停まっているのを見つけた。車の中で話をして、別れることになった」と聞いた。

(3)　職場の同僚女性のＳ.Ｙの供述

　Ｓ.Ｙは、工場構内課の女性従業員4人のうちの1人であった。Ｓ.Ｙは、以下のような供述をしている。

- **3月初旬頃**

　3月初旬頃、被害者から、「Ｉ.Ｍと、室蘭にドライブに行った」と聞いた。「付き合っているの」と聞いたら、「その後、何もないし」と言われた。

- **3月初旬頃**

　3月初旬頃、被告人から、「Ｓ.Ｙは、被告人とＩ.Ｍの関係を知っていると思うけど、Ｉ.Ｍとの関係がうまくいっていない」と聞いた。その頃から、被告人は、仕事のミスが目立つようになり、気落ちした様子だった。

　（なお、被告人とＩ.Ｍは、Ｋビール事業所の他の従業員に、交際を秘密にしていたが、Ｓ.Ｙは、たまたま2人が一緒にいるところを目撃したことがあり、被告人は、目撃されたことに気付いたことがあった。）

- **3月15日（水）頃**

　3月15日頃、被告人から、「Ｉ.Ｍとのことは吹っ切れた」と聞いた。

4 関連事実

・**3月15日（水）**

3月15日午後11時頃、被害者は、S.Yに対して、「ちぃーす。ただいまメールの練習中。この頃Oさん苦手で困ってます。へるぷって感じー。はしむー」とのメールを送った。なお、「Oさん」とは、被告人のことである。

・**4月13日（木）**

4月13日、被告人は、I.Mに対して、「解決したら、一晩、I.Mの時間を私に下さい。I.Mのとなりで眠らせてください。2人で会える時、連絡下さい。待ってます」との手紙を書いた。

5 被告人の供述

(1) 1審裁判での供述

被告人は、1審裁判で、以下のような供述をしている。

・**平成10年9月頃**

平成10年9月頃、I.Mから、交際を申し込まれ、承諾して、交際を開始した。Kビール事業所の他の従業員に、交際を秘密にしていた。I.Mは、バイクのレースやスノーボードが趣味だったので、週末にはよく2人で、レース場やスキー場に出かけた。I.Mは、バイクのレースに夢中で、結婚など考えていなかった。自分も、前の交際相手との別れから、結婚はタイミングだという冷めた気持ちがあった。また、自分は、真面目に物事を考え、悩んでしまう性格であるのに対して、I.Mは、積極的で行動的な性格で、物事を深く考えず、約束を忘れてもケロッとした性格だった。

このようなことから、I.Mに対しては、彼氏彼女として付き合い、一緒に遊びに行く相手としてはよいが、結婚する相手としては、疑問を感じるところがあった。I.Mと結婚したいという強い気持ちはなかった。

・**平成11年秋頃**

平成11年秋頃、職場の同僚女性のM.Tの退職やA.Kの異動により、仕事量が増えて、苛立ちを覚えることが多くなっていたところ、I.Mから、「仕事を1人で抱え込み過ぎだ」と批判され、仕事上の意見が衝突し、口論することが多くなり、I.Mとの関係がぎくしゃくするようになった。

- **平成12年1月か2月頃**

　平成12年1月か2月頃、I.Mと会い、ラブホテルからの帰途、I.Mに、「私に生理がこなかったらどうする」と聞いたところ、I.Mから、「考えたことがない」と言われた。I.Mの言葉に失望し、そろそろI.Mとの関係にけじめをつけないといけないと思った。この頃には、I.Mと結婚したいという気持ちはなかった。I.Mとは、別れるであろうと思った。ただ、I.Mに対しては、彼氏彼女として付き合い、一緒に遊びに行く相手としてはよいと思っていたので、揺れる気持ちがあった。

- **2月頃**

　2月頃、I.Mの自宅前で待たされていた際、I.Mの携帯電話を盗み見て、たまたま自分がかばんの中に入れていたメモ用紙3～4枚に、I.Mの携帯電話のメモリーダイヤルに登録されていた名前と電話番号を、「あ」行から「わ」行までほぼ全て書き写した。I.Mから、I.Mの私生活を隠されているところがあり、手の届く所にI.Mの携帯電話があったので、つい書き写してしまった。

- **2月27日（日）**

　2月27日、I.Mと会い、札幌市清田区の書店コーチャンフォーの駐車場に駐車されたI.Mの車の中で、話をした。I.Mから、また「仕事を1人で抱え込み過ぎだ」と批判され、口論となった。I.Mの嫌なことを言ってしまったところ、I.Mから、「こんなに腹が立ったのは、初めてだ。このまま付き合っていくかどうか、考える時間をくれ」と言われた。

　I.Mは、「被告人に、『結婚する妥協線が見えない』と言った」と供述している。しかし、そのような言葉は聞いていない。「結婚」という言葉は出ていない。

- **3月6日（月）**

　3月6日午後11時7分、自宅前にあるローソン早来栄町店前の公衆電話から、被害者の携帯電話に電話をして、通話状態に至る前に切った。

　2月頃、I.Mの携帯電話を盗み見て、メモ用紙3～4枚に、I.Mの携帯電話のメモリーダイヤルに登録されていた名前と電話番号を、「あ」行から「わ」行までほぼ全て書き写した。そのメモ用紙3～4枚に、被害者の携帯電

話番号が書かれてあった。職場でメモ用紙として置かれていた賃金協定Ａ４版の書面について、給与計算の勉強をしようと思って、コピーをとり、自宅に持ち帰っていたところ、同書面の裏側に、上記メモ用紙から、被害者の携帯電話番号を書き写した。

そして、自宅前にあるローソン早来栄町店前の公衆電話から、被害者の携帯電話に電話をした。被害者に電話をしたのは、被害者が、それまでと違って、Ｉ.Ｍを意識した言動をしたことから、Ｉ.Ｍと被害者が会っているのではないかと疑い、それを確かめるためだった。

3月6日午後11時14分、元交際相手のＨ.Ｓの自宅に電話をした。Ｈ.Ｓは、「被告人から、『Ｉ.Ｍに結婚のことを話した』と聞いた」と供述している。しかし、そのような言葉は言っていない。「結婚」という言葉は言っていない。Ｈ.Ｓに電話をしたのは、Ｉ.Ｍとは別れるであろうという気持ちがあり、誰かに別れる後押しをしてほしいという気持ちがあったからである。

・**3月8日（水）**

3月8日夜、ツタヤに行こうとして、車を運転していたところ、偶然、Ｉ.Ｍの車らしき車が、被害者の自宅の牧場に入るのを目撃した。

3月8日午後11時21分、Ｈ.Ｓに電話をした。Ｈ.Ｓと、苫小牧トラックステーションで会う約束した。Ｈ.Ｓは、「被告人から、『やっぱり駄目かもしれない。手がぶるぶる震えて涙が止まらない』と聞いた」と供述している。しかし、そのような言葉は言っていない。

午後11時39分、Ｈ.Ｓに電話をした。Ｈ.Ｓに、「苫小牧トラックステーションに着いた」と言った。

その後、Ｉ.Ｍから電話があった。Ｉ.Ｍと、Ｉ.Ｍがいるローソン千歳朝日町店で会う約束をした。Ｉ.Ｍが、被害者の自宅からローソン千歳朝日町店に到着するのは、早過ぎると思ったので、Ｉ.Ｍの車を目撃したと思ったのは勘違いだと思った。

その後、Ｈ.Ｓに電話をした。Ｈ.Ｓに、「これからＩ.Ｍと会うことになったので、今日は会えない」と言った。

そして、ローソン千歳朝日町店に行き、Ｉ.Ｍと会い、同店前に駐車されたＩ.Ｍの車の中で、話をした。Ｉ.Ｍから、車の中でセックスを求められたの

で、I.Mの車を目撃したと思ったのは勘違いだと思った。セックスは拒否した。

- **3月9日（木）**

 3月9日午後6時53分、H.Sに電話をした。H.Sは、「被告人から、『やっぱり駄目みたい』と聞いた。被告人は、泣くばかりだった」と供述している。しかし、そのような言葉は言っていない。また、その日は、その後、送別会があり、泣くと目が腫れるので、泣いていない。

 3月9日夜、職場の上司の部長の送別会（千歳市内の居酒屋『海鮮市場』で開催）の行き、被害者を、自分の車で会場まで送り、帰りも、被害者を、他の従業員とともに、自分の車で職場まで送った。被害者とは、普通に仲の良い職場の同僚だった。

- **3月11日（土）**

 3月11日夜、友人らと会い、翌12日午前2時頃、帰宅した。ドライブしたくなったので、出かけて、ドライブをした。ドライブが好きで、夜、周辺をドライブすることをよくしていた。ドライブしていたところ、偶然、JR長都駅で、I.Mと被害者の車が駐車しているのを目撃した。I.Mから、「東京から来ている兄とスキーに行く」と聞いていたので、驚いた。I.Mは、嘘をついたのだと思った。

- **3月12日（日）**

 3月12日午前4時51分頃から、被害者に対して、無言電話をするようになった。リダイアルボタンを押して電話をかけては、すぐ切るという行動を繰り返した。被害者に電話をしたのは、最初は、I.Mと被害者が会っているのではないかと疑い、それを確かめるためだった。その後、精神的に不安定な状態となり、I.Mが携帯電話を紛失中だったために、I.Mに向けられた感情を、I.Mにぶつけることができず、被害者に向けて、無意識のうちにリダイアルボタンを押してしまった。自分でも説明できない行動をしてしまった。被害者に対する嫌がらせの気持ちはなかった。嫌がらせ目的なら、被害者が電話に出るまでかけ続けたはずだった。

 3月12日昼過ぎ、友人女性のI.Kと会った。I.Kは、「被告人から、『彼氏に結婚したいと言った』と聞いた」と供述している。しかし、そのような言

葉は言っていない。「結婚」という言葉は言っていない。

　また、I.Kは、「被告人から、『彼氏が、身内を新千歳空港まで送るので、送ったら自分に電話をしてほしいと言っているのに、電話がかかってこない』と聞いた」と供述している。しかし、そのような言葉は言っていない。前日、I.Mから、「東京から来ている兄とスキーに行く」と聞いていたが、I.Mは、嘘をついたのだと思ったので、「兄を新千歳空港まで送る」も、嘘だと思った。

　I.Kと別れた後、ツタヤに行こうとして、車を運転していたところ、偶然、ローソン千歳朝日町店に車を停めて、公衆電話から電話をかけているI.Mを見つけた。

　I.Mと会い、I.Mと、それぞれ自分の車を運転して、新千歳空港工事用ゲート前まで行き、同所に駐車されたI.Mの車の中で、話をした。I.Mから、「自分は、まだやりたいことがある。自分は、まだ結婚する気がない。被告人のことを、嫌いになったわけではないが、好きでなくなった」と言われた。はっきり「別れよう」とは言われなかった。I.Mとは、別れるであろうと思っていたので、覚悟していた。I.Mには、はっきり「別れよう」と言ってほしかった。

　帰宅途中、不審な車に尾行された。その後、精神的に不安定な状態となり、冷静な判断ができなくなった。

- 3月14日（火）

　3月14日午後8時頃、I.Kに電話をした。I.Kは、「被告人から、『I.Mを新千歳空港に探しに行った』と聞いた」と供述している。しかし、そのような言葉は言っていない。

- 3月15日（水）

　3月14日から16日の間、職場で、I.Mと、自分の車のヒーターが故障した話をしたところ、I.Mから、直してくれると言われた。また、I.Mと被害者の様子を見ても普通だった。そこで、I.Mと被害者が交際していると思ったのは、勘違いだと思った。

　3月15日頃、職場の同僚女性のS.Yに、「I.Mとのことは吹っ切れた」と話した。同日夜、行きつけの「喫茶店とれいる」に行き、友人らと話をし、「I.Mとのことは吹っ切れた」と話した。

- **3月16日（木）**

　3月16日午後9時30分頃、被害者と、他の残っている男性従業員に、「お先に失礼します」と挨拶して、連れ立って退社した。

　1階の配車事務室から、2階の女子休憩室に行き、帰り支度をした際、被害者から、「（職場の同僚女性の）T.Nさんとは、仕事以外で絶対に口をきいてやらない。この前（3月9日）の送別会でも、隣にいたけど無視してやった」と聞いた。被害者は、笑いながら話した。被害者の人格に幻滅し、被害者のことを、「たいした人ではない」と思えるようになり、無言電話をかけたり、思い悩んだりしていたことが、急に馬鹿らしくなり、対抗意識もなくなった。

　また、その際、被害者から、I.Mが仕事のことで自分に指示していることについて、「I.Mさんの考えは、おかしい」と言われ、I.Mを批判し、自分をかばうようなことを言われたことから、I.Mと被害者が交際していないと思った。

　さらに、その際、被害者から、「S.YさんやA.Kさんも一緒に、今度また、カラオケに行こうね」と言われ、無言電話をかけていたことを反省した。

　そして、被害者と、配車センターから出て、それぞれが配車センターで駐車している場所に行く形で別れた。その後は、自分の車を出発させて、配車センターから立ち去った。

6　弁護人の主張

　弁護人は、以下のような主張をしている。

(1)　被告人とI.Mの関係について

　　被告人は、もともと、I.Mに対しては、彼氏彼女として付き合い、一緒に遊びに行く相手としてはよいが、結婚する相手としては、疑問を感じるところがあった。I.Mと結婚したいという強い気持ちはなかった。

　　そして、I.Mも認めているように、平成11年秋頃か末頃には、被告人とI.Mの関係はぎくしゃくしていた。この頃には、被告人は、I.Mと結婚したいという気持ちはなかった。I.Mとは、別れるであろうと思っていた。

　　よって、その後、平成12年3月12日に、I.Mと別れる方向となったが、

覚悟していたことであった。3月15日には、S.Yや友人らに話しているように、I.Mとのことは吹っ切れていた。
(2) 被告人と被害者の関係について

被告人は、3月9日の送別会で、被害者を、自分の車で送迎したこと等からも分かるように、被害者とは、普通に仲の良い職場の同僚だった。

また、被告人は、3月16日午後9時30分頃の被害者との会話で、被害者の人格に幻滅し、被害者との対抗意識もなくなり、また、I.Mと被害者が交際していないと思った。
(3) I.Mと被害者の関係について

I.Mも認めているように、I.Mと被害者は、3月11日夜から翌12日未明、交際を開始したばかりで、深い仲の関係ではなかった。
(4) 被告人の被害者殺害を推認することの不合理性

被告人は、I.Mをめぐって被害者と激しい喧嘩をしたわけでもなく、I.Mの心変わりを察知したに過ぎない。普通は、この程度のことで、被害者を殺害し、さらに、死体に灯油類をかけて焼損したりしない。

被告人が被害者に無言電話をしたり、被告人が虚偽の供述をしたりしたとしても、だからといって、被告人が被害者を殺害したというのは、あまりに論理の飛躍がある。

第2　被告人の被害者に対する無言電話

1　セルラー社員らの供述

警察は、被害者の携帯電話の北海道セルラー電話㈱（その後、㈱エーユー）に対して、被害者の携帯電話の通話記録の作成を依頼した。セルラー社員らは、以下のような供述をしている。

- セルラーの携帯電話の通話データについて

セルラーの携帯電話機による通話の発着信のデータは、全て、料金センター等に、機械的自動的に保存される。通話データは、料金センターでは、約2か月間、保存される。

- **被害者の携帯電話の通話記録の作成について**

　料金センターのデータからの検索結果を、エクセルに手作業で入力して、通話記録（日付、発信時間、着信時間、発信電番、使用基地局、終話状態等）を作成した。

　料金センターのデータそのものは、印刷したものは破棄し、また、料金センターでは約２か月間しかデータは保存されないため、もう存在しない。印刷したものを破棄したのは、通信の秘密などが理由である。

　作成上でミスがあり、自らミスに気付いたり、警察からミスの指摘を受けたことがあったが、最終的には、入念な確認作業を経て作成した。

２　被告人の被害者に対する無言電話（３月12日～16日）

(1)　被害者の携帯電話の北海道セルラー電話㈱の調査による事実

　　３月12日午前４時51分頃から16日午前７時40分頃まで、被告人は、被害者に対して、合計230回の無言電話をした。16日午前７時40分頃以降は、無言電話をしなかった。

　　230回は、①被告人の携帯電話から、被害者の携帯電話に、220回、②被告人の携帯電話から、被害者の自宅に、６回、③被告人の自宅前にあるローソン早来栄町店前の公衆電話から、被害者の携帯電話に、４回であった。

　　被告人の携帯電話から、被害者の携帯電話にかけた220回は、①３月12日、21回、②13日、128回、③14日、54回、④15日、13回、⑤16日、４回であった。

　　無言電話をかけた時間帯は、主に夜間から早朝にかけてであったが、ほぼ１日中の時間帯であった。

(2)　被告人の携帯電話の通話料金明細内訳表による事実

　　他方、被告人の携帯電話の通話料金明細内訳表によると、被告人の携帯電話から、被害者の携帯電話にかけた回数は、①３月12日、６回、②13日、８回、③14日、３回、④15日、１回、⑤16日、０回、合計18回であった。

　　これは、短時間で切った通話は、課金されないからで、つまり、被告人は、リダイアルボタンを押して電話をかけては、すぐ切るという行動を繰り返した。

3 警察による、被害者の携帯電話番号が書かれたメモ用紙2枚の押収（4月14日）

4月14日、警察は、被告人方を捜索し、被害者の携帯電話番号が書かれたメモ用紙2枚を押収した。

1枚は、職場でメモ用紙として置かれていた賃金協定A4版の書面の裏側に、被害者の携帯電話番号が書かれたものであった。

もう1枚は、B5版の用紙に、I.Mの携帯電話のメモリーダイヤルに登録されていた、被害者の携帯電話番号が含まれる「は」行付近に登録されていた女性と思われる名前と電話番号が書かれたものであった。

4 被告人の供述

(1) 捜査段階での供述

被告人は、捜査段階で、以下のような供述をしている。

- 3月17日

警察官による事情聴取の際、被害者の携帯電話番号を知っているかを聞かれ、「知らない」と言った。

- 4月14日以降

警察官による取調べの際、「被害者が死亡する前、被害者の携帯電話の番号を知らなかったし、被害者の携帯電話に電話をかけたこともない」と話した。

- 弁護人に対して

「被害者に無言電話をかけたことがない」と話した。しかし、9月26日、伊東秀子弁護士から、「何か隠していることはないか」と言われ、「無言電話をかけた」と告白した。

(2) 1審裁判での供述

被告人は、1審裁判で、以下のような供述をしている。

- 被害者に無言電話をしたことについて

41頁の「・3月12日（日）」に記載のとおりである。

- 警察官に本当のことを供述しなかったことについて

3月17日の警察官による事情聴取の際、「被害者の携帯電話番号を知らない」と言ったのは、2月頃、I.Mの携帯電話を盗み見て、メモ用紙3～4枚

に、I.Mの携帯電話のメモリーダイヤルに登録されていた名前と電話番号を「あ」行から「わ」行までほぼ全て書き写したことにより知ったもので、被害者から教えてもらったものではなかったからである。

その後、取調べで、警察官から、「3月17日の供述のとおりなんだろ」と言われて、3月17日の供述をなぞる形になったことから、同様の供述をした形になった。

- 弁護人に本当のことを供述しなかったことについて

本当のことを話すと、弁護人に見捨てられて、弁護人がいなくなってしまう不安があったからである。無言電話をしていたことは悪いことだが、だからといって、被害者を殺したりはしていない。全て告白し、弁護人がいなくなってしまったら、自分で闘おうという気持ちになったので告白した。

- 被害者の携帯電話番号が書かれたメモ用紙2枚について

B5版の用紙については、39頁の「・2月頃」に記載のとおりである。

職場でメモ用紙として置かれていた賃金協定A4版の書面については、39頁の「・3月6日（月）」に記載のとおりである。

5 弁護人の主張

弁護人は、以下のような主張をしている。

(1) 被害者の携帯電話の通話記録の信用性の欠如

被害者の携帯電話の通話記録は、セルラー社員らが作成するにあたって、多くのミスがあり、信用性に乏しい。

また、セルラー社員らの作成の基となった、料金センターのデータそのものは、同社員らが印刷したものは、同社員らが破棄し、また、料金センターでは約2か月間しかデータは保存されないため、もう存在しない。そうすると、被害者の携帯電話の通話記録は、同社員らの作成内容が正確か検証することも不可能であり、この点からも、信用性に乏しい。

(2) 被害者殺害を推認することの不合理性

被告人が被害者に無言電話をしたり、被告人が虚偽の供述をしたりしたとしても、だからといって、被告人が被害者を殺害したというのは、あまりに論理の飛躍がある。

(3) その他

　被告人の携帯電話の通話料金明細内訳表によると、被告人の携帯電話から、被害者の携帯電話にかけた回数は、合計18回に過ぎず、嫌がらせ電話ではない。

　電話の回数は、①3月12日、6回、②13日、8回、③14日、3回、④15日、1回、⑤16日、0回と減少傾向にあり、被告人は、事件当日は、精神状態は落ち着いていた。

　被告人の1審裁判での供述内容は、理解できるものである。

第4章

事件当時 (2)

第1　事件当時（3月15日夜～18日）の被告人の行動

1　3月15日夜～16日朝

- **3月15日(水)午後11時38分頃**

　6月10日、警察は、被告人方を捜索し、恵庭市住吉町所在の本屋の「ビブロス恵庭店」のレシートを発見した。同店のレシートには、「3月15日午後11時38分、文房具を購入した」旨の記載があった。

　検察官は、3月15日午後11時38分、被告人が、ビブロス恵庭店で、文房具を購入したと主張している。

- **3月16日(木)午前0時01分頃**

　4月14日、警察は、被告人方を捜索し、千歳市末広所在のコンビニエンスストアの「セイコーマートふくみや店」のレシートを押収した。同店のレシートには、「3月16日午前0時01分、赤色ポリタンクに入った10ℓの灯油等を購入した」旨の記載があった。

- **3月16日(木)午前7時40分頃まで**

　被害者の携帯電話の北海道セルラー電話㈱の調査によると、3月16日午前7時40分頃まで、被告人は、被害者に対して、無言電話をした。午前7時40分頃以降は、無言電話をしなかった。

2 職場の者らの供述（3月16日）

(1) 職場の複数の者の供述

職場の複数の者は、以下のような供述をしている。

- **3月16日（木）夕方**

　被告人は、Kビール事業所の配車センター1階の配車事務室で働いていたところ、3月16日午後4時頃、翌日分の注文伝票が回ってきたが、翌々日の3月18日（土）から3連休だったことから、普段の倍くらいの注文伝票が回ってきた。被告人の仕事は、終日、運転手の受付業務をする傍ら、午前は、主に、前日の伝票の後処理の入力等で、午後は、主に、翌日分の注文伝票を整理し、伝票ごとに配達先や種類・個数を勘案して、1台の車に積載できるようにすることだった。そのため、被告人は、残業をしなければならなかった。

- **3月16日（木）午後9時30分頃**

　3月16日午後9時30分頃、被告人は、被害者と、他の残っている男性従業員に、「お先に失礼します」と挨拶して、連れ立って退社した。

(2) 職場の同僚女性のＳ.Ｙの供述

　Ｓ.Ｙは、以下のような供述をしている。

- **3月16日（木）午後8時頃**

3月16日午後8時頃、退社した。

その際、被告人から、「もう終わったの。もう帰るの」などと言われた。

被告人は、被害者に、「私を置いていかないでね」などと冗談を言い、被害者も、被告人に、「今日は放しません」などと答えたりしていた。

(3) 職場の同僚男性のＳ.Ｓの供述

　Ｓ.Ｓは、工場構内課の男性従業員であった。Ｓ.Ｓは、以下のような供述をしている。

- **3月16日（木）午後9時30分頃**

　3月16日午後9時30分頃、被害者が、席を立ちながら、被告人に目配せをして、仕事が終わったという合図をした。被告人も、立ち上がった。

　そして、被告人と被害者は、自分を含めて他の残っている男性従業員に、「お先に失礼します」と挨拶して、連れ立って退社した。

　一緒に帰るのは初めてだったので、どこかに行く約束をしていると思っ

た。女の子同士でどこかに行くには、少し遅い時間だと思った。

3　3月16日夜〜17日未明

- **3月16日（木）午後11時30分頃**

①午後11時36分に給油（1審で明らかになった事実）

　4月14日、警察は、被告人の車両を差し押さえ、恵庭市住吉町所在のガソリンスタンドの「ガソリンキング恵庭店」の給油伝票を押収した。同店の給油伝票には、「3月16日午後11時36分、1000円相当（約9.5ℓ）のガソリンを給油した」旨の記載があった。

②午後11時30分に入店（2審で明らかになった事実）

　その後、4月17日、警察は、ガソリンキング恵庭店から、防犯ビデオテープを押収した。そして、警察は、押収経過や時刻を記載した、4月17日付けと4月24日付け捜査報告書を作成した。同報告書には、「3月16日午後11時30分43秒、入店、午後11時33分20秒、給油、午後11時34分04秒、出店した」旨が記載されていた。

　しかし、検察官は、1審裁判で、同店の給油伝票と防犯ビデオテープのうち、給油伝票のみを証拠として提出し、防犯ビデオテープは証拠として提出しなかった。そのため、防犯ビデオテープの存在を、弁護人と裁判所は、知らなかった。

　その後、検察官が、防犯ビデオテープを同店に返却したため、マスコミが取り上げて、弁護人が、その存在を知るに至った。弁護人から見ると、検察官による証拠隠しであった。

- **3月17日（金）午前1時43分頃**

　「ローソン早来栄町店」の防犯ビデオテープによると、3月17日午前1時43分頃、被告人は、自宅前にある同店で、買い物をした。同店の店員は、以下のような供述をしている。

　記録によると、被告人は、①アサヒスーパードライ350mlの缶ビール、②チョコレート菓子のキットカット、③女性雑誌アンアンを購入したと思われる。

4 関係者の供述（3月17日）

(1) 職場の同僚女性のＳ.Ｙの供述

Ｓ.Ｙは、以下のような供述をしている。

- 3月17日（金）

①出社

3月17日、出社して、被告人とＴ.Ｎと、2階の女子休憩室のロッカーの前で、仕事開始の支度をした。被告人は、平常通りで、外傷を負っていた様子はなかった。午前8時35分頃、1階の配車事務室に行った。被害者が出社していないことが分かった。

②女子休憩室に入る

3月17日午前9時頃、職場の上司の課長から指示を受け、自分の携帯電話から、被害者の携帯電話に電話をするために、女子休憩室に入った。（なお、職場では、仕事中は、携帯電話は、ロッカー内や車の中に置くことになっていた。）女子休憩室に入ったら、ちょうど被告人が入ってきた。被害者の携帯電話に電話をしたが、留守番電話になり、電源は入っていたが、誰も出なかった。

被告人は、外に出る際のジャンパーを取りに来るために、女子休憩室に来たようで、「外に停めてある自分の車に、胃薬を取りに行く」と言って、ジャンパーを着て、女子休憩室を出て行った。

③被害者に電話

その後、被害者の携帯電話に、何度か電話をしたが、同じように、留守番電話になり、電源は入っていたが、誰も出なかった。

④昼食

3月17日午後0時頃からの昼休みに、自分とＴ.Ｎが、女子休憩室にいると、被告人が入ってきて、自分のロッカーから弁当を取り出した。（なお、職場の者は、外食する場所がないため、自分のロッカーから弁当を取り出して、昼食をとっていた。）午後0時50分頃まで、被告人とＴ.Ｎと、昼食をとった。

⑤警察による被害者の指紋の採取

3月17日午後2時頃、警察官が来て、女子休憩室内の被害者のロッカー

やロッカー内の私物から、指紋を採取した。自分は、案内して、立ち会った。

⑥警察による被害者の携帯電話の発見

3月17日午後3時05分頃、警察官が、被害者の携帯電話を、被害者のロッカー内から発見した。

警察官が発見したとき、被害者の携帯電話は、電源が切った状態だった。自分は、被害者の携帯電話と同じ、セルラーの携帯電話を使用していたので、警察官に操作を教えた。

⑦警察による事情聴取

3月17日午後5時30分頃から午後11時頃まで、千歳警察署で、警察官から事情聴取された。

被害者の携帯電話に電話をしたが、留守番電話になり、電源は入っていたが、誰も出なかったことを話した。

また、被害者や職場内の交際関係について聞かれたことから、①被害者から、「I.Mとドライブに行った」と聞いたことがあること、②I.Mと被告人が交際していたが、被告人から、「I.Mとの関係がうまくいっていない」と聞いたことがあることなどを話した。

(2) 警察官のS.Yの供述

S.Yは、3月17日に、被告人を事情聴取した警察官であった。S.Yは、以下のような供述をしている。

- **3月17日（金）**

①被告人を事情聴取

3月17日午後3時頃から、被告人を、男子休憩室で、事情聴取した。16日に、被害者と一緒に退社したということで、事情聴取した。

その後、午後5時30分頃から午後11時頃まで、被告人を、千歳警察署で、事情聴取した。

②被害者や被告人の交際関係、被害者の携帯電話番号について

被害者の交際関係について聞いたところ、被告人から、「知らない」と言われた。

被告人の交際関係について聞いたところ、被告人から、「いない」と言わ

れた。

被害者の携帯電話番号を知っているかを聞いたところ、被告人から、「知らない」と言われた。

③ 16日の退社後について

16日の退社後について聞いたところ、被告人から、「被害者と、配車センターの前で別れた。その後、どこにも立ち寄らず、午後10時頃に帰宅した。両親は既に寝ていた」と言われた。

他に立ち寄った先はないか、念を押したところ、被告人は、4〜5分考えて、「ビブロス恵庭店へ立ち寄った。1か月以上行っていなかったので、行ってみた。午後11時30分頃に帰宅した」と言った。

④ 17日の行動について

17日の行動について聞いたところ、被告人から、「午前8時30分頃、事務所に入った。その後、午前9時頃、伝票を取りに行くため、配車センターの外に行く必要があったことから、ジャンパーを取りに行くため、女子休憩室に入った」と言われた。

その後、被告人に、被害者のロッカーから指紋を採取している話をしたところ、被告人から、「ジャンパーを取りに行ったときに、被害者の制服があるか気になったため、被害者のロッカーを開けた」と言われた。被告人は、被害者のロッカーを開けたので、自分の指紋が採取されてもおかしくないと言いたいようだった。

これに対して、制服はロッカーに入れて帰るのが普通だと思ったことから、ロッカーを開けて被害者の制服があるかを確認した理由を聞いたところ、被告人は、答えられなかった。

⑤ 警察官のK.Sについて

被告人を男子休憩室で事情聴取しているとき、警察官のK.Sが入ってきて、被告人に、被害者の携帯電話を示して、「被害者に電話をしたか」と聞いた。

その後、K.Sから、「係長、見ただろ。彼女の手が震えていた」と言われた。自分は、被告人の手を見ていなかった。捜査では、いろいろな人が、いろいろなことを言うので、K.Sの言うことは特に気にしなかった。

(3) 警察官のK.Sの供述

K.Sは、3月17日に、被害者の携帯電話を、被害者のロッカー内から発見した警察官であった。K.Sは、以下のような供述をしている。

- 3月17日（金）

3月17日午後3時05分頃、被害者の携帯電話を、被害者のロッカー内にあった、被害者の制服ジャンパーのポケットから発見した。

その後、被告人が男子休憩室で事情聴取されているときに、被告人に、被害者の携帯電話を示して、「被害者に電話をしたか」と聞いたところ、被告人は、答えず、手を震わせて動揺していた。そのとき、直感的に犯人だと思った。

5 関係者の供述（3月18日）

(1) 被告人の元交際相手のH.Sの供述

H.Sは、以下のような供述をしている。

- 3月18日午後10時30分

3月18日午後10時30分、被告人から電話があった。被告人から、I.Mとの交際について相談したことを、警察に話さないように依頼を受けた。

(2) 職場の同僚女性のS.Yの供述

S.Yは、以下のような供述をしている。

- 3月18日午後11時頃

3月18日午後11時頃、被告人から電話があった。被告人から、I.Mからの依頼であるとして、自分が、I.Mと被告人の関係、I.Mと被害者の関係を、警察に話をしたかを聞かれた。

6 被告人の供述

(1) 1審裁判での供述

被告人は、1審裁判で、以下のような供述をしている。

- 3月15日（水）

①喫茶店とれいる

3月15日夜、行きつけの「喫茶店とれいる」に行き、友人らと話をし、

「I.Mとのことは吹っ切れた」と話した。
②その後
その後、セイコーマートふくみや店に行った。
検察官は、3月15日午後11時38分、被告人が、恵庭市住吉町所在の本屋の「ビブロス恵庭店」で、文房具を購入したと主張している。しかし、3月15日は、ビブロス恵庭店に行っていない。

- **3月16日（木）**
①セイコーマートふくみや店で灯油等を購入
3月16日午前0時01分頃、千歳市末広所在のコンビニエンスストアの「セイコーマートふくみや店」で、赤色ポリタンクに入った10ℓの灯油、杏露酒（シンルーチュ）を購入した。
セイコーマートふくみや店に、杏露酒（シンルーチュ）のブルーラベルが置いてあるのを思い出して、飲もうと思って購入した。その際、灯油が置いてあるのを見つけ、以前から、母親から、「道路拡張工事の対象となっている社宅をいつかは明け渡さなければならないので、社宅の荷物を片付けなさい」と言われていたことから、「ごみが多いと福も来ない」と思い、その片付けをする際の暖房用に、赤色ポリタンクに入った10ℓの灯油を購入した。
（なお、被告人の父が、以前勤務していた木材会社の社宅（早来町大町所在）を賃借していて、被告人は、度々、社宅を訪れていた。社宅には、以前、家族で住んでいて、事件当時、被告人は、自分の荷物を置いていた。）
②ガソリンスタンドで給油
3月16日午前0時08分頃、千歳市朝日町所在のガソリンスタンドの「千歳空港サービスステーション」で、1000円相当（約9.62ℓ）のガソリンを給油した。
ガソリンが沢山入っていると、つい余計に運転してしまうため、こまめに1000円分だけ給油するようにしていた。
③帰宅、就寝、出社
その後、帰宅し、就寝し、翌朝、出社した。

④カード会社等に電話

　３月16日午後１時37分から51分まで、カード会社とエステ会社に対して、合計５回の電話をして、ローンの二重引落しに関するクレームの連絡をした。

⑤午後８時頃

　Ｓ．Ｙは、「３月16日午後８時頃、被告人は、被害者に、『私を置いていかないでね』などと言った」と供述している。この点、言ったかは、覚えていない。言ったかもしれない。

⑥午後８時25分頃

　３月16日午後８時25分頃、被害者と、テレビドラマの話をした。午後10時から放送の今井美樹主演の「ブランド」の話をした。自分は、午後９時から放送の薬師丸ひろ子主演の「恋愛中毒」も見ていた。そこで、両方の番組の録画をお願いしようと、前の交際相手に電話をした。しかし、出先で、頼むことができなかった。その結果を、被害者に伝えたところ、被害者は、２階の女子休憩室に行き、自宅に電話をして、頼んだ様子だった。（なお、職場では、仕事中は、携帯電話は、ロッカー内や車の中に置くことになっていた。）

⑦午後９時30分頃

　３月16日午後９時30分頃、被害者と、他の残っている男性従業員に、「お先に失礼します」と挨拶して、連れ立って退社した。

　Ｓ．Ｓは、「一緒に帰るのは初めてだった」と供述している。しかし、一緒に帰るのは初めてではない。

　１階の配車事務室から、２階の女子休憩室に行き、帰り支度をした際、被害者から、「（職場の同僚女性の）Ｔ．Ｎさんとは、仕事以外で絶対に口をきいてやらない。この前（３月９日）の送別会でも、隣にいたけど無視してやった」と聞いた。被害者は、笑いながら話した。被害者の人格に幻滅し、被害者のことを、「たいした人ではない」と思えるようになり、無言電話をかけたり、思い悩んだりしていたことが、急に馬鹿らしくなり、対抗意識もなくなった。

　また、その際、被害者から、Ｉ．Ｍが仕事のことで自分に指示していること

とについて、「I.Mさんの考えは、おかしい」と言われ、I.Mを批判し、自分をかばうようなことを言われたことから、I.Mと被害者が交際していないと思った。

さらに、その際、被害者から、「S.YさんやA.Kさんも一緒に、今度また、カラオケに行こうね」と言われ、無言電話をかけていたことを反省した。

そして、被害者と、配車センターから出て、それぞれが配車センターで駐車している場所に行く形で別れた。その後は、自分の車を出発させて、配車センターから立ち去った。

⑧ビブロス恵庭店

配車センターを出た後、車で5～10分の距離にある、恵庭市住吉町所在の本屋の「ビブロス恵庭店」に行った。

駐車場に駐車した車の中で、考え事をしたり、新刊本や女性雑誌や道路地図を立ち読みしたり、文房具売り場で、ドクターグリップのボールペンの替え芯を見たりするなどした。

⑨ガソリンキング恵庭店で給油

3月16日午後11時36分頃、恵庭市住吉町所在のガソリンスタンドの「ガソリンキング恵庭店」で、1000円相当（約9.5ℓ）のガソリンを給油した。

- **3月17日（金）**

①帰宅

その後、帰宅した。そして、冷蔵庫の中の刺身を見て、ビールを飲もうと、ローソンに買い物に行った。

②ローソン早来栄町店で買い物

3月17日午前1時43分頃、自宅前にある「ローソン早来栄町店」で、買い物をした。

アサヒスーパードライ350mlの缶ビールを購入したことは覚えているが、他に何を買ったかは、覚えていない。

③帰宅、就寝

ローソン早来栄町店での買い物後、帰宅して、その後、就寝した。

④出社

　3月17日午前8時20分頃、出社した。出社して、S.YとT.Nと、2階の女子休憩室のロッカーの前で、仕事開始の支度をした。午前8時30分頃、1階の配車事務室に行った。

⑤女子休憩室に入り、被害者のロッカーを開ける

　3月17日午前8時30分過ぎ頃、職場の者から、「被害者が出社していない」と聞いた。以前、自分達より早く出社していた被害者が、先に制服に着替え、配車センターの外に行って仕事を済ませ、配車事務室に戻ってきたことがあった。

　そこで、被害者が制服を着ているかどうかを確認するため、1人で女子休憩室に入り、被害者のロッカーを開けて、被害者の制服があるかを確認した。

　被害者のロッカーを無断で開けたのは、初めてだった。

⑥女子休憩室に入る

　3月17日午前9時頃、職場の運転手から電話があり、「出荷し終えた伝票を入れるポストの所に、ホチキスの針がない」と言われた。ホチキスの針を持っていくには、配車センターの外（別棟の倉庫）に行く必要があったことから、ジャンパーを取りに行くため、女子休憩室に入った。女子休憩室には、S.Yがいた。

　S.Yは、「被告人から、『外に停めてある自分の車に、胃薬を取りに行く』と聞いた」と供述している。しかし、そのような言葉は言っていない。胃薬は、化粧ポーチに入れて、ロッカーの中に入れているので、車まで取りに行く必要がない。

⑦昼食

　3月17日午後0時頃からの昼休みに、午後0時50分頃まで、S.YとT.Nと、女子休憩室で、昼食をとった。

　昼休みの間は、被害者のロッカーに触っていないし、昼休み後、午後2時頃までは、2階に上がっていない。

⑧警察による事情聴取

　3月17日午後2時頃、警察官が来て、午後3時から、男子休憩室で、

警察官から事情聴取された。その後、午後５時30分頃から午後11時頃まで、千歳警察署で、警察官から事情聴取された。

靴の写真を見せられたことから、「見覚えがない」と言ったところ、「女の子なのに、なんで分からないんだ」と怒鳴られ、その後、冷静な判断ができなくなった。

被害者の交際関係について聞かれ、「知らない」と言った。これは、被害者とＩ.Ｍの交際は、自分の推測だったからである。

自分の交際関係について聞かれ、「いない」と言った。これは、Ｉ.Ｍとはその時点では別れていたからである。

被害者の携帯電話番号を知っているかを聞かれ、「知らない」と言った。これは、２月頃、Ｉ.Ｍの携帯電話を盗み見て、メモ用紙３〜４枚に、Ｉ.Ｍの携帯電話のメモリーダイヤルに登録されていた名前と電話番号を「あ」行から「わ」行までほぼ全て書き写したことにより知ったもので、被害者から教えてもらったものではなかったからである。

16日の退社後について聞かれ、「ビブロス恵庭店へ立ち寄った」と言った。

警察官は、「被告人から、『被害者と、配車センターの前で別れた。その後、どこにも立ち寄らず、午後10時頃に帰宅した。両親は既に寝ていた』と言われた。他に立ち寄った先はないか、念を押したところ、被告人は、４〜５分考えて、『ビブロス恵庭店へ立ち寄った。１か月以上行っていなかったので、行ってみた。午後11時30分頃に帰宅した』と言った」と供述している。しかし、「どこにも立ち寄らなかった」と言っていないし、「他に立ち寄った先はないか」と聞かれて、４〜５分考えて、「ビブロス恵庭店へ立ち寄った」と言ったこともない。

17日の行動について聞かれ、「午前９時頃、伝票を取りに行くため、配車センターの外に行く必要があったことから、ジャンパーを取りに行くため、女子休憩室に入った」と言った。ホチキスの針を持っていくときに、伝票も取りに行くため、そのように言った。

その後、「被害者の制服があるか気になったため、被害者のロッカーを開けた」と言った。ロッカーを開けて被害者の制服があるかを確認した理

由を聞かれ、「以前、自分達より早く出社していた被害者が、先に制服に着替え、配車センターの外に行って仕事を済ませ、配車事務室に戻ってきたことがあったので、被害者が制服を着ているかどうかを確認するためである」と言った。

警察官は、「ロッカーを開けて被害者の制服があるかを確認した理由を聞いたところ、被告人は、答えられなかった」と供述している。しかし、理由を答えられなかったことはない。

⑨警察官について

警察官は、「被告人に、被害者の携帯電話を示して、『被害者に電話をしたか』と聞いたところ、被告人は、答えず、手を震わせて動揺していた」と供述している。しかし、警察官から被害者の携帯電話を示されていない。

- 3月18日（土）

①警察による事情聴取

3月18日、警察官から事情聴取された。16日の退社後に立ち寄った先について、気が動転していて、忘れていたことに気付き、「ビブロス恵庭店へ立ち寄った後、ガソリンキング恵庭店へ立ち寄って給油した。17日午前0時頃に帰宅し、その後、ローソンに買い物に行った」と話した。

②H.Sに電話

3月18日午後10時30分、H.Sに電話をした。

H.Sは、「被告人から、I.Mとの交際について相談したことを、警察に話さないように依頼を受けた」と供述している。しかし、そのような依頼はしていない。

③I.Mから電話、S.Yに電話

3月18日夜、I.Mから電話があり、「警察に呼ばれているが、I.Mと被告人の交際について、警察に話をしたか」と聞かれた。「話していないが、S.Yには話したことがある」と言った。これに対して、I.Mから、「警察に余計なことを話したくない。S.Yに、I.Mと被告人の交際、I.Mと被害者の交際について、警察に話をしたか、確認してほしい」と言われた。I.Mから、I.Mと被害者の交際について、初めて聞いた。驚いた

が、I.Mからの依頼を遂行することにした。

そこで、午後11時頃、S.Yに電話をした。S.Yに、I.Mからの依頼であるとして、S.Yが、I.Mと自分の関係、I.Mと被害者の関係を、警察に話をしたかを聞いた。その結果を、I.Mに電話をして、伝えた。

7　場所関係

(1) 配車センターから被害者車両の発見現場まで

　　配車センターから被害者車両の発見現場（JR長都駅前の南側の道路上）までの距離は、約700mで、車での所要時間は、約2分であった。

(2) 配車センターから死体発見現場まで

　　配車センターから死体発見現場までの距離は、約20kmで、車での所要時間は、約25分であった。

(3) 死体発見現場からガソリンキング恵庭店まで

　　死体発見現場からガソリンキング恵庭店までの距離は、約15kmであった。死体発見現場からガソリンキング恵庭店までの車での所要時間は、以下であった。以下の走行実験は、いずれも制限速度や信号を遵守した場合であった。

　(ｱ)　警察による走行実験(1)

　　　平成12年4月16日と17日の両日午後3時台の時間帯の2回の警察による走行実験では、1回目は、19分20秒、2回目は、19分5秒であった。

　(ｲ)　裁判所の検証による走行実験

　　　平成14年7月3日午後3時16分から午後4時9分までの間の2回の裁判所の検証による走行実験では、前者は、22分51秒、後者は、25分17秒であった。

　(ｳ)　警察による走行実験(2)

　　　平成16年3月16日午後10時38分から午後11時45分までの間の2回の警察による走行実験では、1回目は、21分20秒、2回目は、21分25秒であった。

第2　被告人の車両

1　被告人の車両
　被告人の車両は、日産マーチで、2ドアの小型車であった。
　運転席から後部座席に移る場合、まず運転席のドアを開けて、自分がいったん車から降り、運転席の椅子を前に移動して、移る必要があった。
　助手席には、ヘッドレストがついていた。

2　警察による被告人車両の差押え（4月14日）
　4月14日、警察は、被告人の車両を差し押さえた。これによる事実は、以下のような事実であった。
(1)　被害者の指紋・血痕・糞尿・毛等の未発見
　　被告人の車両から、被害者の指紋、掌紋、血痕、体液、糞尿、毛は、発見されなかった。ただ、被告人の指紋も、発見されなかった。
(2)　被告人の車両のタイヤの押収
　　警察は、被告人の車両のタイヤを押収した。被告人の車両の左前輪のタイヤの接地面に、約9cm×約10cmの損傷があった。
(3)　被告人の車両の助手席床マットから灯油成分
　　被告人の車両の助手席床マットから、灯油成分が検出された。
(4)　ライター1個の押収
　　警察は、被告人の車両内から、ライター1個を押収した。この点について、被告人は、「ライターは、平成11年秋頃、I.Mが置き忘れたものである」と供述している。

第3　被害者の殺害や死体の焼損に関する、検察官と弁護人の主張

1　検察官の主張(1)

検察官は、以下のような主張をしている。

(1) 被告人の犯罪事実（起訴状の公訴事実）について

　　検察官が立証しようとする被告人の犯罪事実（起訴状の公訴事実）は、以下の事実である。（なお、刑事裁判においては、検察官が、被告人の犯罪事実の立証責任を負う。）

　　被告人は、

第1　2000年3月16日午後9時30分頃から同日午後11時頃までの間、千歳市、恵庭市またはその周辺において、被害者（当時24歳）に対し、殺意をもって、その頸部を圧迫し、同人を窒息死させて殺害し、

第2　前同日午後11時頃、恵庭市北島39番先市道南8号線路上において、前記被害者の死体に灯油をかけて火を放って焼損し、もって死体を損壊したものである。

(2) 殺害現場、凶器について

　　殺害現場は、被告人の車両内等で、凶器は、タオルである。

(3) 殺害態様、殺害の実行可能性について

　　警察は、被害者役を男性警察官、犯人役を女性警察官として、被告人の車両と同種の自動車の助手席に乗っている男性警察官の首を、後部座席に乗っている女性警察官が、タオルで圧迫したときの実験を行った。

①ヘッドレストを挟んだ状態で、絞頸した場合、タオルはU字型となり、頸動脈の圧迫が少なく、また、後頸部付近に隙間が生じるため、男性警察官がタオルを掴んで前方に引き出すことが可能であり、男性警察官と女性警察官の力量の差から、絞殺から回避できた。

②ヘッドレストを挟まない状態で、頸部にタオルをX状に交差させて絞頸した場合、女性警察官が後方に体重をかけただけで、頸動脈が一気に締め付けられ、瞬時に気絶する状態となり、男性警察官が、この状態から回避することは困難であった。

よって、②の方法により、被告人は、被害者を殺害することが可能である。
(4) 被害者の死体の焼損について
被告人は、3月16日午前0時01分頃、セイコーマートふくみや店で購入した、赤色ポリタンクに入った10ℓの灯油で、被害者の死体を焼損した。
(5) 被害者の死体焼損開始時刻について
被害者の死体焼損開始時刻は、死体発見現場の周辺住民のO.Tの1審裁判での目撃供述から、3月16日午後11時頃である。

2 弁護人の主張

弁護人は、以下のような主張をしている。
(1) 複数の男性による強姦等の性犯罪
検察官は、本件は、被告人の単独犯であると主張している。
しかし、本件は、複数の男性による強姦等の性犯罪であり、犯人らは、故意又は過失により、被害者を死なせたものである。理由は、以下のような理由である。
①死体の両足は、股関節から大きく開脚していて、死体は、一般的な焼死体とは異なり、強姦死体に似た姿勢である。
②被害者は、24歳の若い女性である。
③犯行時間は、3月16日午後9時30分頃以降の夜である。
④死体は、特に陰部の炭化がひどく、これは、暴行の事実や精子の存在等の証拠の隠滅と考えられる。
⑤死体は、タオル様の布で目隠しされていて、タオル様の布は、鉢巻状態で一周して、後頭部付近でしっかりと結ばれていた。死体に目隠しすることは無意味であるから、生前に目隠しをされたと考えられる。そうすると、被告人が、単独で被害者を制圧してなすことは不可能で、複数の男性が、被害者を制圧してなしたと考えられる。
⑥死体は、ブラジャーのワイヤー様の物が大きくずれており、被害者は、着衣を身に着けていなかった可能性がある。
⑦死体の左足先から約35cm離れた場所に、左足用短靴があり、犯人使用車両は、土禁車であった可能性がある。

⑧死体発見現場には、引きずり痕がなかった。引きずり痕を残さずに死体を置くには、抱えて下ろす必要があると考えられる。そうすると、被告人が、単独でなすことは不可能で、複数の男性が、なしたと考えられる。

⑨死体発見現場の周辺住民のO.Kは、「事件当時、死体発見現場付近で、2台の車を目撃した」、「この場所で車が停まっているのを見たのは、3月16日の前にも後にも、このときだけだった」と供述している。O.Kが目撃した2台の車は、犯人らの使用車両と考えられる。

⑩法医学の専門家の上野正彦は、「姦淫の事実があった可能性がある」と供述している。

⑪同じく上野正彦は、「犯人は、上肢の肘関節を使って、被害者の首を絞めた可能性が高い」と供述している。そうすると、被害者より体格や体力が下回る被告人が、なすことは不可能で、被害者より体格や体力が上回る男性が、なしたと考えられる。

以上より、本件は、複数の男性による強姦等の性犯罪であり、犯人らは、故意又は過失により、被害者を死なせたものである。また、犯人らは、行きずりの者のみならず、Kビール事業所の従業員である可能性もある。

(2) 被害者の車両が、JR長都駅前の南側の道路上に放置されていたことについて

被告人が犯人であるとしたら、仮に、被告人が、被害者と一緒に配車センターを出て、それぞれ自分の車を運転して、JR長都駅前の南側の道路上まで行き、被害者を被告人の車両に乗せたと考えた場合、殺害の実行前に、人目の多いJR長都駅に、わざわざ被害者を誘っていくことは考えられない。

また、被害者の車両が、駅の北側と南側にある無料駐車場ではなく、南側駐車場の西側道路上に放置されていた点も、合理的に説明できない。

被害者は、配車センターを出た後、犯人に誘われたか、暴力に見舞われた可能性が高く、被害者の車両は、事後に犯人が、JR長都駅前の南側の道路上に放置したと推認するのが妥当である。

(3) 凶器の未発見

検察官は、凶器は、タオルであると主張しているが、タオルは発見され

ていない。
(4) 後部座席への移動の困難性

　検察官は、被告人の車両内で、被告人が、後部座席から、助手席に座っている被害者の首を、タオルで絞めて殺害したと主張している。

　しかし、①被告人の車両は、日産マーチで、２ドアの小型車であり、運転席から後部座席に移る場合、まず運転席のドアを開けて、自分がいったん車から降り、運転席の椅子を前に移動して移る必要があり、被告人が後部座席に移ることは困難である。

　また、②被告人が後部座席に移ろうとするなどの不審な動きをしたら、被害者は、助手席のドアを開けて、容易に逃げることが可能である。

　よって、被告人による犯行は困難である。
(5) 殺害の不可能性
　㋐　被害者の首にタオルをＸ状に交差させて、被害者を絞殺することの不可能性

　検察官は、被告人が、後部座席から、助手席に座っている被害者に対して、ヘッドレストを挟まない状態で、首にタオルをＸ状に交差させて絞頸すれば、被害者を殺害することが可能であると主張している。

　しかし、被告人が、被害者の首にタオルをＸ状に交差させて、被害者を絞殺することは不可能である。理由は、以下のような理由である。

①法医学の専門家の上野正彦は、「被害者の後ろから、不意に被害者の首にタオルをかけても、Ｕ字型になる。Ｘ状に交差させるには、１度手を離してタオルを持ち直すか、腕を交差することになるが、後者の場合、力が入らない」、「当然ながら、犯人が、被害者より体格や体力が上回っていないと、行い難い」、「女性が絞殺する場合、睡眠薬やお酒を飲ませるなどして、抵抗できないようにしてから、することが多い」と供述している。

②被害者をタオルで絞殺しようとする場合、被害者の激しい抵抗に遭う。

③被告人は、被害者より体格や体力が下回る（被害者は、身長162cm、体重約51kg、握力45kg位、被告人は、身長148.2cm、体重48kg、握力20kg位）。被告人の握力は、20kg位で、平均的な女性より弱い。被告人は、生まれ

つき、右手の薬指と小指の発達が遅れた短指症の障害があり、食堂でアルバイトをしていたとき、ラーメンどんぶりを、片手に1個ずつ持って運ぶこともできなかった。
④被害者は、睡眠薬などで意識を失っていた形跡はなく、頭部を鈍器等で殴られた形跡もなかった。
⑤被害者の首にタオルをX状に交差させようとしても、ヘッドレストが邪魔になる。
⑥被害者の後ろから、不意に被害者の首にタオルをかけても、U字型になる。X状に交差させるには、1度手を離してタオルを持ち直すか、腕を交差することになる。

しかし、前者の場合のように、被害者の後ろから、不意に被害者の首にタオルをかけ、さらに、X状に交差させるために、1度手を離してタオルを持ち直そうとした場合、被害者は、首にタオルをかけられた時点で、激しく抵抗するから、被害者と被告人の体格や体力の差から、被告人が、1度手を離してタオルを持ち直すことは不可能である。

また、後者の場合のように、被害者の後ろから、不意に被害者の首にタオルをかけ、さらに、腕を交差させX状に交差させても、力が入らないから、被告人の体格や体力では、被害者を絞殺することは不可能である。

以上より、被告人が、被害者の首にタオルをX状に交差させて、被害者を絞殺することは不可能である。

(イ) 上肢の肘関節を使って、被害者を絞殺することの不可能性

法医学の専門家の上野正彦は、「犯人は、上肢の肘関節を使って、被害者の首を絞めた可能性が高い」と供述している。

しかし、被害者の激しい抵抗に遭うこと、被害者の方が、被告人より体格や体力が上回ること等から、被告人が、上肢の肘関節を使って、被害者を絞殺することは不可能である。

(6) 死体を運び出すことの困難性

人間が死体となれば、支点が失われて重く感じるものであり、被告人と被害者の体格の差から、被告人が、単独で被害者の死体を車から運び出すことは困難である。

(7) 灯油の購入の合理性

　検察官は、被告人が、3月16日午前0時01分頃、セイコーマートふくみや店で購入した、赤色ポリタンクに入った10ℓの灯油で、被害者の死体を焼損したと主張している。

　しかし、北海道では、冬期に暖房用に灯油を購入することはよくあることである。被告人は、日常品を購入して持っていたに過ぎない。

(8) 被害者の死体の焼損の不可能性

　(ア) 不可能性(1)

　　検察官は、被告人が、10ℓの灯油で、被害者の死体を焼損したと主張している。

　　しかし、死体の全身は、かなり高度に焼損炭化していた。

　　また、死体発見現場は、雪が積もっていた。

　　わずか10ℓの灯油で、雪の上に置いた死体を焼損して、死体の全身がかなり高度に焼損炭化するとは、考えられない。

　　豚の燃焼実験（被害者の体重に近い豚に、被害者が着用していた衣服を着せて、灯油10ℓをかけて燃焼させる実験）でも、豚の内部に、熱変化・炭化は見られず、豚の焼損の程度は、本件死体のように炭化状態までにはならなかった。弁護人による実験でも、警察による実験でも、結果は同じであった。

　　よって、灯油10ℓでは、本件死体のように焼損することは不可能である。

　(イ) 不可能性(2)

　　検察官は、被告人が、10ℓの灯油で、被害者の死体を焼損したと主張している。

　　しかし、被害者の死体の焼損に使用されたのは、灯油と灯油型航空機燃料のいずれであるかまでは判別できず、灯油が使用されたかは不明である。

　　また、上記のように、灯油10ℓでは、本件死体のように激しく焼損することは不可能である。

　　本件死体のように激しく焼損するには、灯油型航空機燃料が使用され

たと考えられる。近くに航空自衛隊千歳基地もある。

　また、灯油が使用されたとすれば、10ℓをはるかに超える多量の灯油を何回もかけて、時間をかけてじっくり焼く必要があると考えられる。

　しかし、後記(71頁の「⑩アリバイの成立」)のように、①被害者の死体焼損開始時刻は、3月16日午後11時15分頃であること、②死体発見現場からガソリンキング恵庭店まで、裁判所の検証による走行実験によると、約25分かかること、③被告人は、午後11時30分43秒に、ガソリンキング恵庭店に入店していることから、被告人による犯行は不可能である。

(9)　痕跡の不存在

　(ア)　被告人の車両の痕跡の不存在

　　法医学の専門家の上野正彦は、「頸部圧迫による窒息死の場合、膀胱括約筋、肛門括約筋などが弛緩し、小便や大便の失禁があることが多い。また、被害者が舌を噛んで出血したり、鼻や耳から出血したり、被害者の髪の毛が落ちたりすることが多い。犯人の車内にこれらの痕跡がない場合、殺害現場とは考えにくい」と供述している。

　　しかし、被告人の車両から、被害者の指紋、掌紋、血痕、体液、糞尿、毛は、発見されなかった。

　　よって、被告人が犯人ではないことは明らかである。

　(イ)　死体発見現場の痕跡の不存在

　　死体発見現場にも、被告人の足跡、被告人の車両のタイヤ痕、引きずり痕はなかった。

　　よって、被告人が犯人ではないことは明らかである。

　(ウ)　被告人自身の痕跡の不存在

　　法医学の専門家の上野正彦は、「タオルで絞殺する場合、犯人には、腕等に、被害者の抵抗の跡が残ることが多い」と供述している。

　　しかし、被告人が事件翌日に出社した際、被告人は、平常通りで、外傷を負っていた様子はなかった。

　　よって、被告人が犯人ではないことは明らかである。

⑽　アリバイの成立
　㈜　検察官による不当なアリバイ成立阻止
　　　被害者の死体焼損開始時刻は、逮捕状の被疑事実で、午後11時15分頃とされていたが、起訴状の公訴事実で、午後11時頃とされた。
　　　これは、午後11時15分頃とすると、後記（72頁の「㈱アリバイの成立」）のように、被告人にアリバイが成立してしまうことが判明したからである。
　　　検察官は、被告人のアリバイ成立阻止のために、
①１審裁判で、死体発見現場の周辺住民のＯ.Ｔの目撃時刻の供述を、「午後11時０分頃から午後11時15分頃」から、「午後11時０分頃から午後11時５分頃」に変更させ、
②ガソリンキング恵庭店の給油伝票（午後11時36分、給油）と、防犯ビデオテープ（午後11時30分43秒、入店）のうち、給油伝票のみを証拠として提出し、防犯ビデオテープの証拠隠しを行った。
　㈲　被害者の死体焼損開始時刻について
　　　検察官は、被害者の死体焼損開始時刻は、Ｏ.Ｔの１審裁判での目撃供述から、３月16日午後11時頃であると主張している。
　　　しかし、被害者の死体焼損開始時刻は、３月16日午後11時15分頃である。理由は、以下のような理由である。
①逮捕状の被疑事実で、午後11時15分頃とされていた。
②死体発見現場の周辺住民のＨ.Ｍは、「午後11時10分から15分頃、炎の明かりを目撃した」、「午後11時20分から30分頃、最初に見た時の３分の１位の炎の明かりを目撃した」と供述している。
③Ｏ.Ｔは、捜査段階で、「午後11時０分頃から午後11時15分頃、炎を目撃した」と供述している。
④Ｏ.Ｔの１審裁判での目撃供述（「午後11時０分頃から午後11時５分頃、炎を目撃した」）は、捜査段階での目撃供述から、検察官による不当なアリバイ成立阻止による、供述の変遷があり、信用できない。
⑤死体発見現場の周辺住民のＯ.Ｋは、１審裁判で証人として、「午後11時５分頃、赤い光を目撃しなかった」、「午後11時25分頃、赤い光を目撃し

た」と供述している。「赤い光」は、炎の光だと考えられる。
⑥O.Tは、捜査段階で、「炎の高さと幅は、それぞれ1m前後の感じだった」、「炎は、見えた範囲では、それほど大きな感じはせず、危険を感じたとか、消防署に通報しようと思うほどではなかった」と供述している。消防団員のO.Tが、消防署に通報しようと思うほどの炎ではなかった。
H.Mは、「炎の明かりの大きさは、横幅はビニールハウス1棟分、高さはそれを2つ重ねた位に感じた」と供述している。
よって、H.Mが目撃した炎が、最大であった。
⑦豚の燃焼実験（被害者の体重に近い豚に、被害者が着用していた衣服を着せて、灯油10ℓをかけて燃焼させる実験）では、着火後1分以内に、炎が最大になり、3分後には、炎は消え始め、20分から30分後に、鎮火状態になった。弁護人による実験でも、警察による実験でも、結果はほとんど同じであった。

　以上のことを総合すると、被害者の死体焼損開始時刻は、3月16日午後11時15分頃である。

(ウ)　アリバイの成立

　以上のように、被害者の死体焼損開始時刻は、3月16日午後11時15分頃である。

　そして、死体発見現場からガソリンキング恵庭店まで、裁判所の検証による走行実験によると、約25分かかる。

　しかし、被告人は、午後11時30分43秒に、ガソリンキング恵庭店に入店している。

　よって、被告人にはアリバイが成立する。

(11)　犯行の時間的困難性

　被告人による犯行は、時間的に困難である。理由は、以下のような理由である。

①配車センターから死体発見現場までの道順は、複雑に入り組んでいて、当該地域周辺を十分熟知した者でなければ、迷わずに到着することは困難である。かかる道順は、被告人の自宅とは反対方向で、通勤経路でもなく、被告人には土地勘が全くなかった。

② 仮に、被告人が、被害者と一緒に配車センターを出て、それぞれ自分の車を運転して、ＪＲ長都駅前の南側の道路上まで行き、被害者を被告人の車両に乗せ、被告人の車両内で被害者を殺害し、被害者の死体を死体発見現場まで運んで引きずり下ろし、灯油をかけて焼損し、そこからガソリンキング恵庭店まで行き入店した場合を考える。

被告人が被害者と一緒に配車センターを出た時刻は午後９時40分頃と考えられるから、被告人がガソリンキング恵庭店に入店した午後11時30分までは、約１時間50分である。

車を運転する時間だけで、約１時間かかると考えられるから、残りの約50分の間に、被害者を説得して、被告人の車両に乗せ、運転席から後部座席に移り、被害者の首にタオルをＸ状に交差させて、被害者を絞殺し、被害者の死体を引きずり下ろして、灯油をかけて焼損するといったことを全て、単独で行うのは、時間的に困難である。

⑿　死体発見現場の周辺住民のＯ.Ｋが目撃した２台の車について

Ｏ.Ｋは、「事件当時、死体発見現場付近で、２台の車を目撃した」、「この場所で車が停まっているのを見たのは、３月16日の前にも後にも、このときだけだった」と供述している。

本件は、複数の男性による強姦等の性犯罪であり、犯人らは、故意又は過失により、被害者を死なせたものである。Ｏ.Ｋが目撃した２台の車は、犯人らの使用車両と考えられる。

犯人らは、強姦等の性犯罪や絞殺の痕跡の証拠の隠滅のために、死体を焼損したと考えるのが合理的である。そして、死体の特定箇所（頸部や陰部）を念入りに焼損するために、灯油を何回もかけて、時間をかけてじっくり焼いたと考えるのが合理的である。

仮に、Ｏ.Ｋが目撃した２台の車が、犯人ではない者が傍観していただけであるとしたら、警察に何らの通報もしなかったのは、不自然である。

また、夜は街灯もなく真っ暗な凍結した農道を、深夜近い午後11時過ぎ、ドライブする者などあり得ないことである。

⒀　その他

被告人が犯人であるとしたら、犯行前にガソリンを満タンにして備える

はずであるが、被告人は、いつもの通り1000円分しか給油していない。

　被告人が犯人であるとしたら、死体を焼損しようと考えていたのであるから、できる限り多量の灯油を購入するはずであるが、被告人は、10ℓしか購入していない。

　被告人は、事件当日に、カード会社とエステ会社に電話をして、ローンの二重引落しに関するクレームの連絡をしており、その夜に殺人・死体焼損を計画している者の行動としては、似つかわしくない日常的な行動をとっている。

　被告人は、事件後、冷蔵庫の中の刺身を見て、ビールを飲もうと、ローソンに買い物に行っており、殺人を犯したばかりの異常な精神状態にある者の行動としては、似つかわしくない日常的な行動をとっている。

3　検察官の主張(2)

　検察官は、以下のような主張をしている。
(1)　弁護人の主張(1)⑤について
　弁護人は、死体に目隠しすることは無意味であるから、生前に目隠しをされたと考えられると主張している。
　しかし、①生前に目隠しをされて殺害されたかのように偽装するために、死体にタオルで目隠しした場合や、②殺害した被害者の目が開いたままとなっていて、その目を見るに耐えかねて、死体にタオルで目隠しした場合が考えられる。
(2)　弁護人の主張(8)(ア)について
　弁護人は、豚の燃焼実験でも、豚の内部に、熱変化・炭化は見られず、豚の焼損の程度は、本件死体のように炭化状態までにはならなかったと主張している。
　しかし、
①豚の皮膚は、表皮は厚く硬化し、汗腺は退化し、皮脂腺は少なく、高温下における皮膚からの水分散率は人に比べて少なく、体毛が密生しているなど、人間の皮膚とは異なる。
②殺害された直後に被害者の死体が焼損されたとすれば、生前の体温が保

持された状態で、焼損が開始されたことになる。

他方、実験に用いた豚は、生前の体温が保持されておらず、焼損が開始された際の対象の体温に、差異があった可能性がある。

③実際の犯行では、被害者の死体は、衣服を着用して、仰向け状態で、右腕は、肘部で屈曲し、右手部は、背部下にあり、両足は、股関節から大きく開脚していたから、地面と被害者の身体との間には隙間があったものと考えられ、灯油をかけた場合、被害者の衣服に大量の灯油が染みこんでいき、また、被害者の身体と衣服との間にできた隙間、被害者の身体と地面との間にできた隙間に、灯油が滞留し、被害者の衣服がいわば芯のようになって、灯油がよく燃える状況となる。

他方、豚の燃焼実験では、豚の体は、手足が短く、胴体が丸みを帯びていて太いから、実際の犯行よりも、灯油が滞留することなく周囲に流れ出す状況となり、灯油の滞留状態に大きな差異がある。

第4 被害者の携帯電話

1 セルラー社員らの供述

44頁の1に記載のとおりである。

2 被害者の携帯電話からの発信（3月17日）

(1) 被害者の携帯電話の北海道セルラー電話㈱の調査による事実

　(ア) 発信(1)

　　3月17日午前0時05分頃から午前0時06分頃まで、被害者の携帯電話から、合計4回、I.Mの携帯電話、Kビール㈱千歳工場の代表電話、同工場の施設管理室に対して、発信された。

　　合計4回は、①3月17日午前0時05分31秒から49秒まで、代表電話、②0時05分56秒から0時06分00秒まで、I.Mの携帯電話、③0時06分04秒から05秒まで、代表電話、④0時06分29秒から49秒まで、施設管理室であった。

(イ) 発信(2)

3月17日午前3時02分頃、被害者の携帯電話から、合計3回、Ｉ.Ｍの携帯電話、施設管理室に対して、発信された。

合計3回は、⑤3月17日午前3時02分09秒から15秒まで、Ｉ.Ｍの携帯電話、⑥3時02分19秒から25秒まで、施設管理室、⑦3時02分38秒から55秒まで、施設管理室であった。

(2) 関連事実

これらの合計7回の発信は、いずれも通話状態に至る前に切られた。

これらの合計7回の発信履歴は、被害者の携帯電話が発見されたとき、削除されていた。

(3) 発信先

Ｋビール㈱千歳工場の代表電話番号は、配車センター1階の配車事務室の壁面に表示されていた。電話帳には未登載であった。

同工場の施設管理室の電話番号は、同工場内部の電話一覧表に登載されていた。外部には未公表であった。

Ｉ.Ｍの携帯電話は、当時、紛失中であった。職場の者は、Ｉ.Ｍの携帯電話の紛失を知っていた。

代表電話番号と施設管理室の番号は、被害者の携帯電話の着信履歴に載っていた。Ｉ.Ｍの携帯電話番号は、着信履歴に載っていなかった。

Ｉ.Ｍの携帯電話番号は、被害者の携帯電話のメモリーダイヤルに載っていた。被害者の携帯電話のメモリーダイヤルには、Ｉ.Ｍの携帯電話番号を含めて合計45件登録されていた。被害者の携帯電話のメモリーダイヤルは、「名前検索」で、名前を入力することで電話番号が表示される設定になっていた。

3 被害者の携帯電話の受信（3月17日）

(1) 被害者の携帯電話の北海道セルラー電話㈱の調査による事実

(ア) 受信

3月17日午前9時07分頃から午後0時36分頃まで、被害者の携帯電話は、合計20回、受信した。

そのうちの15回は、①午前9時29分頃、②同55分頃、③午前10時4分頃、④同5分頃、⑤同13分頃、⑥同20分頃、⑦同36分頃、⑧同38分頃、⑨同48分頃、⑩同50分頃、⑪同51分頃、⑫同58分頃、⑬午前11時12分頃、⑭同14分頃、⑮同51分頃であった。
　これは、被害者の親や職場の同僚が、被害者が自宅に帰ってこず又は出社しないことから、被害者の携帯電話に電話をしたものであった。
(ｲ)　電源
　被害者の携帯電話は、3月17日午前9時07分頃から午後0時36分頃まで、午前10時13分51秒から同15分15秒までを除いて、電源が入った状態であった。
　3月17日午前10時13分51秒から同15分15秒まで、被害者の携帯電話は、「電源断orエリア外」の状態であった。最短で、10時13分51秒から同15分15秒までの1分24秒間にわたり、最長で、10時6分38秒から20分18秒までの13分40秒間にわたり、電源が入っていないか、電波が届かない状態であった。

4　被害者の携帯電話の使用基地局

(1)　被害者の携帯電話の北海道セルラー電話㈱の調査による事実
　(ｱ)　発信(1)
　　3月17日午前0時05分頃から午前0時06分頃までの、被害者の携帯電話の発信電話の4回の使用基地局は、「千歳ＢＳセクター3」(千歳市新富2丁目652番地7所在)であった。
　　「千歳ＢＳセクター3」の捕捉範囲は、真北から右回り120度を中心とする左右30度の範囲、つまり、千歳市新富2丁目の東南東の方角であった。
　(ｲ)　発信(2)
　　3月17日午前3時02分頃の、被害者の携帯電話の発信電話の3回の使用基地局は、「早来ＢＳセクター1」(勇払郡早来町字北進124所在)であった。
　　「早来ＢＳセクター1」の捕捉範囲は、真北を中心とする左右60度の

範囲、つまり、勇払郡早来町字北進の西北西から東北東までの間の方角であった。

(ウ) 受信

3月17日午前9時29分18秒から午前11時52分25秒までの、被害者の携帯電話の受信電話の15回のうち14回の使用基地局は、「長都BSセクター1及び2と千歳BSセクター6及び1」(いずれも千歳市上長都1121-11所在)であった。

「長都BSセクター1及び2」の捕捉範囲は、真北から右回り100度を中心とする左右105度の範囲、「千歳BSセクター6及び1」の捕捉範囲は、真北から左回り30度を中心に左右60度の範囲で、つまり、Kビール事業所の配車センターを含む方角であった。

(2) 被告人に関する事実

ガソリンキング恵庭店から被告人の自宅までに、「千歳BSセクター3」の捕捉範囲があった。

被告人の自宅は、「早来BSセクター1」の捕捉範囲であった。

Kビール事業所の配車センターは、「長都BSセクター1及び2と千歳BSセクター6及び1」の捕捉範囲であった。

Kビール事業所の従業員52人(53人から被害者を除く)のうち、早来町近辺の居住者は、被告人のみであった。

5 被害者の携帯電話の発見(3月17日)

(1) 警察官のK.Sの供述

K.Sは、以下のような供述をしている。

3月17日午後3時05分頃、被害者の携帯電話を、被害者のロッカー内にあった、被害者の制服ジャンパーのポケットから発見した。

被害者のロッカー内の向かって右側のハンガーに掛けられていた、被害者の制服ジャンパーの左胸の外ポケットから、アンテナ部分が下向きで、番号ボタン側が内向きの状態で発見した。

発見したとき、被害者の携帯電話は、電源が切った状態だった。

立ち会っていた同僚女性に、操作を教えてもらった。

着信履歴と発信履歴を調べたところ、着信履歴は残っていたが、発信履歴は残っていなかった。

　被害者の携帯電話から、指紋を採取しなかった。

(2)　職場の同僚女性のＳ.Ｙの供述

　３月17日午後３時05分頃、警察官が、被害者の携帯電話を、被害者のロッカー内から発見した。

　警察官が発見したとき、被害者の携帯電話は、電源が切った状態だった。

　自分は、被害者の携帯電話と同じ、セルラーの携帯電話を使用していたので、警察官に操作を教えた。

6　配車センター（建物）

(1)　配車センター（建物）

　(ｱ)　１階と２階

　　Ｋビール事業所の配車センターは、２階建ての建物であった。

　　１階には、従業員用、運転手用、運転手トイレ用の３つの出入口があった。

　　１階には、配車事務室、コンピュータ室、男子休憩室、運転手休憩室、トイレ（男子トイレ、女子トイレ、運転手用トイレ）、階段などがあった。

　　工場構内課の従業員は、１階の配車事務室で働いていた。

　　２階には、会議室、リフトマン休憩室、女子休憩室、トイレ（男子トイレ、女子トイレ）、給湯室、階段があった。

　(ｲ)　１階から２階

　　１階から、階段で２階に行くことができた。

　　１階の従業員用の出入口のすぐ近くに、階段があった。

　　１階の従業員用の出入口からは、比較的人目に付かないで、階段で２階に行くことができた。

　　１階の運転手用と運転手トイレ用の出入口から、階段で２階に行くには、１階の配車事務室を通る必要があった。

　　１階の運転手用の出入口からの来訪者は、１階の配車事務室で働く工場構内課の従業員が、窓越しで見ることができる状況だった。

(ウ) 女子休憩室、ロッカー

　２階の階段のすぐ近くに、女子休憩室の出入口があった。

　２階の女子休憩室には、テーブル、テレビ、冷蔵庫、洗面台、４個のロッカーがあった。

　４個のロッカーは、工場構内課の女性従業員４人（被害者、被告人、Ｓ.Ｙ、Ｔ.Ｎ）が、各１個を使用していて、制服や持ち物が入れられていた。

　工場構内課の女性従業員４人は、女子休憩室で、制服に着替えたり、昼食をとったりしていた。

　女子休憩室を入ると、正面に、テーブル（４人掛け）、右方向に、ロッカーが３個、左方向の角に、ロッカーが１個あった。

　被害者のロッカーは、右方向の３個のうちの一番奥まった位置にあった。

　テーブル（４人掛け）からは、被害者のロッカーは、他のロッカーによって視界が遮られる場所にあった。

　ロッカーには、名札はなかった。

　被害者のロッカー内には、被害者の名札付き制服ベストが、収納されていた。また、被害者のジャンパーも、収納されていたが、被害者のジャンパーだけが、他の女性従業員と異なり、男性用のジャンパーであった。

(2) 職場の複数の者の供述

　職場の複数の者は、以下のような供述をしている。

　配車センターの１階の出入口には、キーボックスが設置されていたが、その扉の施錠が怠られている状態だった。

　女子休憩室も、鍵がかかっていなかった。

　女子休憩室内のロッカーも、工場構内課の女性従業員４人（被害者、被告人、Ｓ.Ｙ、Ｔ.Ｎ）は皆、鍵をかけていなかった。

　女子休憩室には、冷蔵庫やテレビがあったため、男性従業員も出入りすることがあった。また、清掃婦、自動販売機飲料水補充作業員も出入りすることがあった。

　２月25日、女子休憩室は、１階から２階に移転した。移転については、

工場構内課の女性従業員の他に、工場構内課の男性従業員やリフトマンも手伝った。ロッカーの配置は、工場構内課の女性従業員のみが行った。

7　検察官の主張

検察官は、以下のような主張をしている。

被告人は、被害者を殺害後、被害者の携帯電話を取得した。

そして、被告人は、被害者の生存偽装工作として、被害者の携帯電話から発信した。

さらに、被告人は、被害者の生存偽装工作として、被害者の携帯電話がもとから被害者の手元にあったことを偽装するために、被害者の携帯電話を、被害者のロッカー内に戻した。

8　弁護人の主張

弁護人は、以下のような主張をしている。
(1)　被害者の携帯電話の通話記録の信用性の欠如

　　47頁の5(1)に記載のとおりである。
(2)　検察官の主張（被害者の生存偽装工作）の不合理性(1)

　　検察官は、被告人が、被害者の生存偽装工作として、被害者の携帯電話から発信したと主張している。

　　しかし、以下のように、検察官の主張は不合理である。
①発信履歴が削除されており、削除されていたら生存偽装工作にならない。発信履歴を削除することと、生存偽装工作は、矛盾した行為である。被告人が犯人であるとしたら、そのような矛盾した行為をするはずがない。
②被害者が、深夜に、Kビール㈱千歳工場の代表電話、同工場の施設管理室に対して、発信するのは、不自然である。

　　被告人が犯人であるとしたら、そのような不合理な行動をするはずがない。
③被害者は、I.Mの携帯電話が、当時、紛失中であったことを知っており、I.Mの携帯電話に対して、発信するはずがない。

被告人が犯人であるとしたら、そのような不合理な行動をするはずがない。

　④被害者の携帯電話はセルラーであるところ、被告人の携帯電話はＮＴＴドコモで、被告人は、セルラーの操作に不案内であるから、被害者の生存偽装工作などできない。

(3) 検察官の主張（被害者の生存偽装工作）の不合理性(2)

　検察官は、被告人が、①被害者の生存偽装工作として、被害者の携帯電話から発信し、②被害者の携帯電話がもとから被害者の手元にあったことを偽装するために、被害者の携帯電話を、被害者のロッカー内に戻したと主張している。

　しかし、②は、被害者が携帯電話を前日にロッカーに忘れて帰った事実を偽装したことになるが、①は、被害者が携帯電話を忘れずに持ち帰った事実が前提であるから、①と②は矛盾した行為である。

　被告人が犯人であるとしたら、そのような矛盾した行為をするはずがない。

(4) 被害者の携帯電話から発信した者について

　①代表電話番号と施設管理室の番号は、被害者の携帯電話の着信履歴に載っていて、②Ｉ.Ｍの携帯電話番号は、被害者の携帯電話のメモリーダイヤルに載っていた。

　よって、誰でも、これらを利用して、被害者の携帯電話から発信することが可能であった。

(5) 被害者の携帯電話と被告人の動きの不一致

　被告人が、3月16日午後11時34分04秒、ガソリンキング恵庭店を出た後、時速50km程度で自宅に向かうとすれば、午後11時55分以降、「千歳ＢＳセクター3」の捕捉範囲を越えることになる。

　しかし、3月17日午前0時05分頃から午前0時06分頃まで、「千歳ＢＳセクター3」で捕捉されていることから、被害者の携帯電話と被告人の動きが一致するとはいえない。

(6) 「電源断orエリア外」の状態について

　3月17日午前10時13分51秒から同15分15秒まで、被害者の携帯電話

は、「電源断orエリア外」の状態であったことから、犯人は、車で移動していたところ、トンネルなど電波の届かない場所を一時的に通過したと考えるのが合理的である。

(7) 被害者の携帯電話を、被害者のロッカー内に戻した者について
　①配車センターの１階の出入口は、その扉の施錠が忘られている状態であり、②女子休憩室も、鍵がかかっておらず、③女子休憩室内のロッカーも、工場構内課の女性従業員４人（被害者、被告人、Ｓ．Ｙ、Ｔ．Ｎ）は皆、鍵をかけていなかったこと等から、誰でも、女子休憩室に入り、被害者の携帯電話を、被害者のロッカー内に戻すことが可能であった。
　犯人は、捜査の目を、「部内者」、「女性従業員」に向けさせるために、被害者の携帯電話を、被害者のロッカー内に戻した可能性が高い。
　被害者の携帯電話は、被害者の制服ジャンパーの左胸の外ポケットに戻されており、女性は、携帯電話を、胸の外ポケットに入れないから、犯人は、男性である。

(8) 被告人による、被害者の携帯電話を、被害者のロッカー内に戻すことの不可能性
　被害者の携帯電話は、３月17日午後０時36分頃まで、電源が入った状態で、同日午後３時05分頃、発見されたとき、電源が切った状態であったことから、何者かが、その間に、女子休憩室に入り、被害者の携帯電話を、電源を切って、被害者のロッカー内に戻す等をしたことになる。
　そして、同日午後０時頃からの昼休みに、午後０時50分頃まで、被告人、Ｓ．Ｙ、Ｔ．Ｎは、女子休憩室で、昼食をとっていた。
　被告人は、昼休みの間は、被害者のロッカーに触っていないし、昼休み後、午後２時頃までは、２階に上がっていない。
　そして、午後２時頃から、警察は、女子休憩室内の被害者のロッカーやロッカー内の私物から、指紋を採取している。
　よって、被告人が、女子休憩室に入り、被害者の携帯電話を、電源を切って、被害者のロッカー内に戻す等をすることは不可能である。

(9) 被告人による、被害者の携帯電話を、被害者のロッカー内に戻すことの不合理性

　　被告人が犯人であるとしたら、被害者の携帯電話を、被害者のロッカー内に戻すメリットはなく、むしろ自分に疑いの目を向けさせるデメリットしかないから、被告人がロッカー内に戻すはずがない。

(10) その他

　　被告人が犯人であるとしたら、被告人は、早くても３月17日午後０時36分頃まで、被害者の携帯電話を、電源が入った状態で、20回も受信して受信音が鳴る状態で、職場内で所持していたことになり、不合理である。

第5章

事件後

第1 捜査

1 捜査の主な状況（3月17日～起訴日）

- 3月17日（金）

　①焼死体の発見

　　3月17日午前8時20分頃、北海道恵庭市北島の農道の脇（恵庭市北島39番先市道南8号路上）で、幼稚園職員が、送迎バスを運転して園児の送迎中に、焼死体らしきものを発見した。

　　同職員は、近所の住民（主婦）に、確認を依頼した。同住民は、車で現場に見に行き、焼死体を確認し、午前8時40分頃、119番通報をした。

　　午前9時30分頃から、千歳警察署は、鑑識活動を開始した。

　②H.Kの親が、警察に110番

　　3月17日午後1時14分頃、H.Kの親は、16日にH.KがKビール事業所の配車センターに出社したが、17日になっても自宅に帰ってこないし連絡がとれないことから、警察に110番通報をした。

　③警察が、Kビール事業所に行き、H.Kの指紋を採取

　　3月17日午後2時頃、警察は、Kビール事業所の配車センターに行き、女子休憩室内のH.Kのロッカーやロッカー内の私物から、指紋を採取した。

④警察が、被告人を事情聴取

　3月17日午後3時頃から、警察官のS.Yは、被告人を、男子休憩室で、事情聴取した。

⑤警察が、H.Kの携帯電話を発見

　3月17日午後3時05分頃、警察官のK.Sは、H.Kの携帯電話を、H.Kのロッカー内にあった、H.Kの制服ジャンパーのポケットから発見した。

⑥警察が、被告人とS.Yを事情聴取

　3月17日午後5時30分頃から午後11時頃まで、警察官のS.Yは、被告人を、千歳警察署で、事情聴取した。

　また、同じ時間帯に、警察は、S.Yも、同所で、事情聴取した。

⑦H.Kの車両の発見

　3月17日午後8時19分頃、H.Kの車両が、JR長都駅前の南側の道路上で発見された。

- **3月18日（土）**

①被害者の判明

　3月18日昼頃、警察は、死体がH.Kであると発表した。

②警察が、被告人を事情聴取

　3月18日、警察は、被告人を事情聴取した。

③警察が、被告人を最有力容疑者

　3月18日頃、警察は、被告人を最有力容疑者とする「O班」を設置した。以後、警察は、被告人の行動を監視した。この点について、被告人は、「尾行車等は、マスコミの車だと思っていた。警察に監視されているとは思わなかった」と供述している。

- **3月27日（月）、29日（水）**

　3月27日と29日、警察官のK.Tは、被告人を事情聴取した。K.Tは、「今後の被告人の取調べを担当することから、被告人がどのような人物であるかを確認するために、被疑者としてではなく、参考人として事情聴取した」と供述している。

- 4月14日（金）
  ①警察が、被告人を取調べ
    4月14日午前8時30分頃から午後11時過ぎ頃まで、警察官のK.Tは、被告人を、被疑者として取調べた。
  ②警察が、被告人方を捜索
    4月14日、警察は、被告人方を捜索した。これによる事実は、以下のような事実であった。
    ㋐被害者の携帯電話番号が書かれたメモ用紙2枚を押収
      警察は、被告人の自宅から、被害者の携帯電話番号が書かれたメモ用紙2枚を押収した。
    ㋑セイコーマートふくみや店のレシートを押収
      警察は、被告人の自宅から、セイコーマートふくみや店のレシートを押収した。同店のレシートには、「3月16日午前0時01分、赤色ポリタンクに入った10ℓの灯油等を購入した」旨の記載があった。
    ㋒灯油を押収
      警察は、社宅から、赤色ポリタンクに入った灯油を押収した。なお、被告人の父が、以前勤務していた木材会社の社宅（早来町大町所在）を賃借していて、被告人は、度々、社宅を訪れていた。
  ③警察が、被告人車両を差押え
    4月14日、警察は、被告人の車両を差し押さえた。これによる事実は、以下のような事実であった。
    ㋐ガソリンキング恵庭店の給油伝票を押収
      警察は、被告人の車両内から、ガソリンキング恵庭店の給油伝票を押収した。同店の給油伝票には、「3月16日午後11時36分、1000円相当（約9.5ℓ）のガソリンを給油した」旨の記載があった。
    ㋑被害者の指紋・血痕・糞尿・毛等の未発見
      被告人の車両から、被害者の指紋、掌紋、血痕、体液、糞尿、毛は、発見されなかった。ただ、被告人の指紋も、発見されなかった。
    ㋒被告人の車両のタイヤを押収
      警察は、被告人の車両のタイヤを押収した。被告人の車両の左前輪の

タイヤの接地面に、約9 cm×約10cmの損傷があった。
　㈍被告人の車両の助手席床マットから灯油成分
　　　被告人の車両の助手席床マットから、灯油成分が検出された。
　㈎ライター1個を押収
　　　警察は、被告人の車両内から、ライター1個を押収した。
　㈔被害者のロッカーの鍵を押収
　　　警察は、被告人の車両のグローブボックスの中から、被害者のロッカーの鍵を発見し、押収した。

- 4月15日（土）
　①警察が、被告人を取調べ
　　　4月15日午前9時頃から午後7時30分頃まで、警察官のK.Tは、被告人を取調べた。
　②被告人が、伊東秀子弁護士を弁護人に選任
　　　4月15日、被告人は、伊東秀子弁護士を、弁護人に選任した。
　③被害者の所持品の発見
　　　4月15日午後4時20分頃、被害者の所持品（車の鍵、眼鏡入り眼鏡ケース、財布、ヘアピン、ガラス製の容器に入った香水、電話帳機能付電卓など）の残燃物が、「学校のドングリの子孫を残す会」（通称「ドングリの会」）の会員のN.Tにより、「早来町民の森」の作業用道路の路肩上で発見された。

- 4月17日（月）〜19日（水）
　　4月17日〜19日、警察は、被告人を取調べた。

- 4月20日（木）
　　4月20日、伊東秀子弁護士は、警察に、2日間の出張予定を伝えた。

- 4月21日（金）
　　4月21日、警察官のK.Tは、被告人を取調べた。被告人は、取調べ中、意識を失って倒れた。

- 4月26日（水）、5月22日（月）
　　4月26日、被告人は、病院に入院し、5月22日、退院した。

- 5月23日（火）
　　5月23日午前6時頃、警察は、被告人を逮捕した。逮捕状の被疑事実は、

以下の事実であった。

　被疑者は、

第1　2000年3月16日午後9時30分頃から同日午後11時15分頃までの間、千歳市内及びその周辺において、被害者（当時24歳）の頸部を圧迫し、窒息死させて殺害し、

第2　同日<u>午後11時15分頃</u>、恵庭市北島39番地先市道南8号路上において、同人の死体に灯油を撒布し、何らかの方法でこれに点火して火を放ち、全身を焼損し、もって死体を損壊した上、同所に死体を遺棄したものである。

- 6月10日（土）

　6月10日、警察は、被告人方を捜索した。

　警察は、被告人の自宅にあった被告人のバッグから、ビブロス恵庭店のレシート2枚を発見して、写真撮影した。

　1枚の同店のレシートには、「3月15日午後11時38分、文房具を購入した」旨の記載があった。

　もう1枚の同店のレシートには、「4月1日午後1時44分、書籍を購入した」旨の記載があった。

- 6月13日（火）

　6月13日午後8時頃、検察官は、被告人を起訴した。起訴状の公訴事実は、以下の事実であった。

　被告人は、

第1　2000年3月16日午後9時30分頃から同日午後11時頃までの間、千歳市、恵庭市またはその周辺において、被害者（当時24歳）に対し、殺意をもって、その頸部を圧迫し、同人を窒息死させて殺害し、

第2　前同日<u>午後11時頃</u>、恵庭市北島39番先市道南8号線路上において、前記被害者の死体に灯油をかけて火を放って焼損し、もって死体を損壊したものである。

　罪名及び罰条

第1　殺人　　　刑法第199条
第2　死体損壊　同法第190条

2　アリバイ捜査

(1)　被告人のアリバイ捜査

　　被告人は、「3月16日午後9時30分頃、被害者と、他の残っている男性従業員に、『お先に失礼します』と挨拶して、連れ立って退社し、配車センターから出て、被害者と別れた後、自分の車で、ビブロス恵庭店へ立ち寄った」と供述している。

　　そこで、警察は、①3月16日夜間勤務のビブロス恵庭店の店員6人全員、②3月16日午後8時30分から翌17日午前0時までの間のビブロス恵庭店での買物客100人から、聞き込み捜査をした。

　　しかし、被告人の供述を裏付ける目撃者は、いなかった。

(2)　被告人以外のKビール事業所の従業員のアリバイ捜査

　　警察は、「Kビール事業所の従業員51人（53人から被害者と被告人を除く）の3月16日午後9時30分から午後11時30分までのアリバイについて、これらの者を事情聴取し、裏付け捜査をしたところ、そのアリバイは、多くが家族の供述による裏付けであるものの、不審は認められず、全員にアリバイが認められた」旨を記載した、6月19日付け捜査報告書を作成した。

　　この点、捜査報告書に添付のアリバイ供述一覧表によると、51人のうち、4人については、本人の供述以外に裏付けがなく、24人については、家族の供述による裏付けであった。

　　また、職場の上司の所長について、入院中であるはずの妻が、所長のアリバイを裏付ける供述者となっていた。弁護人が、この点を指摘したところ、検察官は、アリバイ一覧表を訂正した。

　　さらに、所長は、1審裁判で証人として、「3月16日午後7時30分頃、退社した。コンビニに寄った後、帰宅した。午後11時頃、就寝した。妻は、入院中で、家にいなかった。警察からは、事件当時のことは、詳しいことは聞かれなかった」と供述している。

　　アリバイ供述一覧表は、結局、2度にわたり、訂正された。

(3)　弁護人の主張

　　弁護人は、以下のような主張をしている。

　(ｱ)　アリバイ捜査全般について

警察は、死体発見日のわずか翌日の３月18日頃に、被告人を最有力容疑者とし、その後、予断と偏見に満ちた見込み捜査をし、アリバイ捜査も適正に行われなかった。

(イ) 被告人以外のＫビール事業所の従業員のアリバイ捜査について

実際、所長に対するアリバイ捜査は、いい加減である。また、アリバイ供述一覧表は、２度にわたり、訂正されている。よって、アリバイ捜査は信用できない。

また、Ｋビール事業所の従業員51人に対してしか、アリバイ捜査がなされていない。

さらに、51人のうち、４人については、本人の供述以外に裏付けがなく、24人については、家族の供述による裏付けであり、これらの者にアリバイが認められたとはいえない。

3　豚の燃焼実験

(1) 警察による実験

５月18日、警察は、被害者の体重に近い豚に、被害者が着用していた衣服を着せて、灯油10ℓをかけて燃焼させる、豚の燃焼実験を行った。

着火後30秒～１分で、炎が最大になり、３分後に、炎は消え始め、22分後に、炎は消えた。炎の高さは、着火後30秒～１分で、約250cm、３分後に、約80cm～90cmであった。着火から27分間、燃え続けた。

豚の内部に、熱変化・炭化は、見られなかった。

検察官は、警察による豚の燃焼実験の結果が記載されている「豚の燃焼実験の捜査報告書」を、１審裁判で、証拠として提出しなかった。弁護人が、２審裁判で、証拠開示請求をしたことにより、同捜査報告書が開示された。弁護人から見ると、検察官による証拠隠しであった。

(2) 弁護人による実験

平成16年２月11日、弁護人も、被害者の体重に近い豚に、被害者が着用していた衣服を着せて、灯油10ℓをかけて燃焼させる、豚の燃焼実験を行った。平成15年７月９日に行った実験に続く、２回目の実験であった。

着火後１分以内に、炎が最大になり、３分後に、炎は消え始め、20分か

ら30分後に、鎮火状態になった。着火から1時間43分間、燃え続けた。
豚の内部に、熱変化・炭化は、見られなかった。

4　その他の捜査の状況

(1)　死体発見現場の「足跡」の捜査

　　警察は、3月17日、死体発見現場で「足跡」を採取し、6月8日、それを対照依頼に出し、6月15日、結果が出た。被告人の足跡は、検出されなかった。

(2)　死体発見現場の「タイヤ痕」の捜査

　　警察は、3月17日、死体発見現場で「タイヤ痕」を採取し、6月8日、それを対照依頼に出し、6月16日、結果が出た。被告人の車両のタイヤ痕は、検出されなかった。

　　警察は、現場に入ったことが判明している警察、消防など以外に、2～3種のタイヤ痕があったが、捜査をしなかった。

(3)　死体発見現場の被害者の短靴の「指紋」の捜査

　　警察は、捜査をしなかった。

(4)　被害者の車両の「指紋」の捜査

　　警察は、3月17日、被害者の車両から「37個の指紋」を採取し、4月14日、そのうちの29個を対照依頼に出した。被告人の指紋は、検出されなかった。

(5)　被害者の携帯電話の「指紋」の捜査

　　被害者の携帯電話から、被告人の指紋は検出されなかった。6月12日、その捜査報告書が作成された。

(6)　死体発見現場の周辺住民のO.Kが目撃した2台の車の捜査

　　警察は、捜査をしなかった。

5　弁護人の主張

弁護人は、以下のような主張をしている。

(1)　警察による予断と偏見に満ちた見込み捜査

　　警察は、死体発見日当日の3月17日に、①死体の状況から、男性による強姦等の性犯罪が疑われ、また、②事件当時に死体発見現場付近で2台の

車等を目撃した周辺住民O.Kの存在等を知りながら、死体発見日のわずか翌日の3月18日頃に、被告人を最有力容疑者とし、その後、予断と偏見に満ちた見込み捜査をした。

被告人が犯人であるとの前提での捜査は熱心だったが、2台の車について捜査をしない等、それに否定的な捜査は熱心に行わず、不当な捜査をした。

(2) 警察による基礎的な捜査の怠慢

警察は、死体発見現場の「足跡」や「タイヤ痕」の捜査といった基礎的な捜査について、3月17日に採取しているにもかかわらず、約2か月半後の6月8日に対照依頼に出すまで捜査を放置する等、基礎的な捜査を怠った。

(3) 警察による証拠のねつ造

警察は、4月14日、被告人の嫌疑を深めるために、事前に入手していた被害者のロッカーの鍵を、被告人の車両のグローブボックス内に入れて、発見を装って、証拠をねつ造した可能性が高い。

そして、警察は、4月14日、被害者のロッカーの鍵の押収品目録を、被告人に交付するのを忘れたため、6月10日の被告人方の捜索の際に、被告人のバッグに入れた可能性が高い。

さらに、警察は、6月10日の被告人方の捜索の際に、ビブロス恵庭店の3月15日付けレシートを、被告人のバッグに入れて、発見を装って、証拠をねつ造した可能性が高い。

(4) 検察官による証拠隠し

検察官は、①事件当時に死体発見現場付近で2台の車等を目撃した周辺住民O.Kの存在、②ガソリンキング恵庭店の防犯ビデオテープ、③豚の燃焼実験の捜査報告書の証拠隠しを行った。

(5) 検察官による不当なアリバイ成立阻止

71頁の(10)(ア)に記載のとおりである。

(6) 検察官による証拠不開示

30頁の4に記載のとおりである。

6　初動捜査の責任者の違法捜査の過去

　本件事件の初動捜査の責任者は、千歳警察署の刑事部の次長のＮ.Ｈ警視であった。Ｎ.Ｈは、以前、北海道警察本部の銃器対策課の課長補佐をしていた。

　しかし、同課のＩ.Ｙ警部により、「当時、同課では、組織ぐるみで、違法な『おとり捜査』や『泳がせ捜査』が行われていて、同警部やＮ.Ｈ課長補佐が関与していた」旨の内部告発が行われた。同警部の直属の上司が、Ｎ.Ｈ課長補佐であった。

　この事実は、2審判決後に、弁護人が知った事実であった。

第2　事件後（3月19日以降）の被告人の行動

1　関連事実

- **3月20日（月、休日）頃**

　3月20日頃以降、マスコミは、被告人を張り込むようになった。

- **4月1日（土）**

　6月10日、警察は、被告人方を捜索し、ビブロス恵庭店のレシートを発見した。同店のレシートには、「4月1日午後1時44分、書籍を購入した」旨の記載があった。

2　被告人の供述

(1)　1審裁判での供述

　被告人は、1審裁判で、以下のような供述をしている。

- **3月19日（日）**

　3月19日午後7時から、被害者の通夜が行われた。Ａ.Ｋ、Ｓ.Ｙ、Ｔ.Ｎらと一緒に、被害者の通夜に出席した。

- **3月20日（月、休日）**

　①被害者の葬儀に出席

　3月20日午前10時から、被害者の葬儀が行われた。Ａ.Ｋ、Ｓ.Ｙ、Ｔ.Ｎらと一緒に、被害者の葬儀に出席した。

②携帯電話の紛失

　3月20日、自分の携帯電話が紛失したことに気付いた。

③イエローハット千歳店

　3月20日、自分の車の左前輪のタイヤの空気が抜けていることに気付き、自動車用品店の「イエローハット千歳店」に行った。

　同店の店員から、「タイヤが損傷している。いたずらされたんじゃないか。パンクの危険がある」と言われた。

　タイヤが損傷するような、心当たりはなかった。

- **3月22日（水）**

　3月22日の夜、T.Rが経営している書道教室に行った。T.M、T.R夫妻から、「マスコミから、『被告人が、I.Mを巡る三角関係から、疑われている』と聞いた。マスコミに気を付けるように」と言われて、驚いた。

- **3月31日頃の数日前**

　3月31日頃の数日前の午後、職場の運転手から、「警察が、お前の写真を持って、ガソリンスタンドで、お前が灯油を購入しなかったかと聞き込みをしている。お前が犯人だったんだな」と言われた。

　3月16日午前0時01分頃、社宅の荷物の片付けをする際の暖房用に、セイコーマートふくみや店で購入した、赤色ポリタンクに入った10ℓの灯油は、本件事件が起きて、荷物の片付けどころではなくなり、そのまま持っていた。

　しかし、職場の運転手から、「警察が、お前が灯油を購入しなかったかと聞き込みをしている」と言われて、持っているのが怖くなった。

- **3月31日（金）頃**

　そこで、数日後の3月31日頃の仕事帰り、購入した灯油を、千歳市から早来町に向かう途中の市営牧場の手前の道路脇に、ポリタンクごと捨てた。

- **4月1日（土）**

　しかし、その翌日頃の4月1日、購入した灯油が存在しないとかえって怪しまれると思い直し、札幌市内のエステティックサロンに行った帰り、札幌市と千歳市の間の国道36号線沿いにあるセイコーマートで、赤色ポリタンクに入った10ℓの灯油を購入し直した。

　その後、午後1時44分頃、ビブロス恵庭店に行き、書籍を購入した。

- 4月初旬頃

　4月初旬頃、警察官から事情聴取された。I.Mのことや、被害者に電話をかけたことを聞かれなかったので、疑われていないと思った。

- 4月8日（土）

　4月8日、紛失していた自分の携帯電話が、自宅付近の草むらで見つかった。

- 4月14日（金）

　4月14日、出社したところ、待機していた警察官に、自分の車を差し押さえられた。そして、千歳警察署に連れていかれて、取調べを受けた。

　警察官から、「お前がやったんだろう」、「会社の人もみんな、お前がやったと疑っているんだ」などと怒鳴られて、会社の人に疑われていると言われたショックと、怒鳴られた恐怖で、体の震えが止まらなくなった。

　さらに、警察官から、「お前は鬼だ。早く真人間に戻れ」、「ごめんなさいと言ってみろ」などと怒鳴られた。気分が悪いと言っても、警察官から、「仮病だ」、「お前がごめんなさいと言わないからだ」などと怒鳴られた。

　夜の12時頃、警察官に送られて、家に着いた。その日は、警察官の怒鳴り声が頭に残って、ほとんど眠ることができなかった。

- 4月15日（土）

　4月15日も、朝から、千歳警察署に連れていかれて、取調べを受けた。警察官から、同じように、怒鳴られた。

　昼頃、伊東秀子弁護士が面会に来てくれた。その後、警察官の態度は、普通になった。

- 4月17日（月）〜19日（水）

　4月17日〜19日、警察官から取調べを受けた。警察官の態度は、普通だった。

- 4月21日（金）

　4月21日、警察官から取調べを受けた。警察官から、再び、「お前がやったんだろう」、「ごめんなさいと言ってみろ」、「（首を）横に振れるなら、縦にも振れる」などと怒鳴られた。取調べ中、意識を失って倒れた。

- 4月26日（水）〜5月22日（月）

　取調べ中、意識を失って倒れ、その後、病院に行ったところ、「心因反応」

と診断された。4月26日～5月22日、病院に入院した。
- **5月23日（火）**
 5月23日、逮捕された。逮捕後、警察官から、「お前に聞かなくても、証拠はいっぱいある」と言われて、供述調書は1通も作成されなかった。

第3 被告人の車両のタイヤの損傷

1 被告人の車両のタイヤの損傷（3月20日に確認）
(1) 警察による被告人の車両のタイヤの押収
 4月14日、警察は、被告人の車両を差し押さえ、同月17日、被告人の車両のタイヤを押収した。
 被告人の車両の左前輪のタイヤの接地面に、約9cm×約10cmの損傷があった。
(2) イエローハット千歳店の店員の供述
 自動車用品店の「イエローハット千歳店」の店員（ピット係）は、以下のような供述をしている。
 3月20日、被告人の車の空気圧のチェックを行った。被告人の車の左前輪のタイヤに、焼けた物の上に乗り上げて、焼け溶けたような痕跡があった。
 被告人に、「このまま乗っては危険である」と伝えた。
(3) 被告人の供述
 被告人は、以下のような供述をしている。
 3月20日、自分の車の左前輪のタイヤの空気が抜けていることに気付き、自動車用品店の「イエローハット千歳店」に行った。
 同店の店員から、「タイヤが損傷している。いたずらされたんじゃないか。パンクの危険がある」と言われた。
 タイヤが損傷するような、心当たりはなかった。
(4) 損傷の原因～山崎鑑定
 損傷の原因について、日本自動車研究所工学博士の山崎俊一は、以下のような鑑定をしている。

物理的な損傷や、灯油、硝酸、硫酸等による化学変化によるものではなく、明らかに溶融変質が認められる。

ただ、急ブレーキによる溶解でもなく、摂氏250度から290度の高熱を帯びた物体に、数分以上触れたことによるものと推定される。

「高熱を帯びた物体」とは、赤く焼けたギザギザの表面を持つ鉄板や、燃えた炭・木などと考えられる。

金属板の上に細かい金属片を置き、金属片の表面温度を約300度に上げ、その上にタイヤを約5分間押し付けたままにする実験をしたところ、本件のタイヤの損傷とよく似た損傷となった。

(5) 関連事実

死体発見現場には、金属板、燃えた木や炭の固まりなどはなかった。

被告人の車両には、タイヤ以外に、炎によると認められる損傷はなかった。

(6) 弁護人の主張

弁護人は、以下のような主張をしている。

死体発見現場には、金属板、燃えた木や炭の固まりなどはなかった。

タイヤが溶けるほどの高熱による損傷であるとしたら、タイヤ以外にも損傷があるはずであるが、被告人の車両にはそのような損傷はなかった。

よって、被告人の車両のタイヤの損傷は、本件犯行とは無関係である。

(7) 損傷の原因〜林鑑定

損傷の原因について、自動車工学の専門家の北海道自動車短期大学教授の林一元は、以下のような鑑定をしている。

舗装道路を左旋回中に急制動をかけたことにより、タイヤがロックされた状態で旋回し、右前方に滑走した結果、生成したものと推定される。

実験をしたところ、本件のタイヤの損傷とよく似た損傷となった。

これは、2審判決後に、弁護人が、同教授に依頼したことによるものであった。

第4 灯油

1 灯油に関する事実⑴

⑴ セイコーマートふくみや店で灯油等を購入

　3月16日午前0時01分頃、被告人は、千歳市末広所在のコンビニエンスストアの「セイコーマートふくみや店」で、赤色ポリタンクに入った10ℓの灯油、杏露酒（シンルーチュ）を購入した。

⑵ 死体発見現場の残物から灯油成分

　3月17日午前8時20分頃、北海道恵庭市北島の農道の脇（恵庭市北島39番先市道南8号路上）で、幼稚園職員が、送迎バスを運転して園児の送迎中に、焼死体らしきものを発見し、同職員は、近所の住民（主婦）に、確認を依頼し、同住民は、車で現場に見に行き、焼死体を確認した。

　北海道警の科学捜査研究所の山形典夫の鑑定により、死体発見現場の残物から、灯油成分が検出された。

　ただ、これが、灯油と灯油型航空機燃料のいずれであるかまでは、判別できなかった。

⑶ 警察が、被告人方を捜索、被告人車両を差押え

　4月14日、警察は、被告人方を捜索した。また、被告人の車両を差し押さえた。これによる事実は、以下のような事実であった。

　㋐ 灯油を押収

　　警察は、社宅から、赤色ポリタンクに入った灯油を押収した。なお、被告人の父が、以前勤務していた木材会社の社宅（早来町大町所在）を賃借していて、被告人は、度々、社宅を訪れていた。

　　押収した灯油は、9.5ℓであった。

　　その後、被告人が事件前夜（3月16日午前0時01分頃）に「セイコーマートふくみや店」で購入した灯油と、社宅で押収した灯油は、成分が異なっていると判明した。

　㋑ 被告人の車両の助手席床マットから灯油成分

　　被告人の車両の助手席床マットから、灯油成分が検出された。

(ウ) ライター1個を押収

警察は、被告人の車両内から、ライター1個を押収した。この点について、被告人は、「ライターは、平成11年秋頃、Ⅰ.Mが置き忘れたものである」と供述している。

(4) 被害者の所持品の発見現場の土砂から灯油成分

4月15日午後4時20分頃、被害者の所持品（車の鍵、眼鏡入り眼鏡ケース、財布、ヘアピン、ガラス製の容器に入った香水、電話帳機能付電卓など）の残燃物が、「学校のドングリの子孫を残す会」（通称「ドングリの会」）の会員のＮ.Ｔにより、「早来町民の森」の作業用道路の路肩上で発見された。

北海道警の科学捜査研究所の山形典夫の鑑定により、死体発見現場の残物から、灯油成分が検出された。

ただ、これが、灯油と灯油型航空機燃料のいずれであるかまでは、判別できなかった。

2 被告人の供述

(1) 弁護人に対する供述

4月26日、被告人は、弁護人に対して、「社宅で押収された灯油は、事件前夜（3月16日午前0時01分頃）に購入したものである」と話した。

しかし、9月26日、被告人は、伊東秀子弁護士から、「何か隠していることはないか」と言われ、「社宅で押収された灯油は、事件後に購入したものである」と告白した。

(2) 裁判での供述

被告人は、裁判で、以下のような供述をしている。

・3月16日（木）

3月16日午前0時01分頃、千歳市末広所在のコンビニエンスストアの「セイコーマートふくみや店」で、赤色ポリタンクに入った10ℓの灯油、杏露酒（シンルーチュ）を購入した。

セイコーマートふくみや店に、杏露酒（シンルーチュ）のブルーラベルが置いてあるのを思い出して、飲もうと思って購入した。その際、灯油が置いてあるのを見つけ、以前から、母親から、「道路拡張工事の対象となっている

社宅をいつかは明け渡さなければならないので、社宅の荷物を片付けなさい」と言われていたことから、「ごみが多いと福も来ない」と思い、その片付けをする際の暖房用に、赤色ポリタンクに入った10ℓの灯油を購入した。

（なお、被告人の父が、以前勤務していた木材会社の社宅（早来町大町所在）を賃借していて、被告人は、度々、社宅を訪れていた。社宅には、以前、家族で住んでいて、事件当時、被告人は、自分の荷物を置いていた。）

購入した灯油を、車の助手席の下に置いたところ、運転中の振動で、ポリタンクの蓋が緩んで、助手席床マットに少しこぼれた。そこで、助手席床マットから、灯油成分が検出されたのだと思う。

家に着いて、蓋を締め直し、後部トランクに積み替えた。

• その後

その後、本件事件が起きて、荷物の片付けどころではなくなった。購入した灯油は、3月31日頃まで、後部トランクにそのまま積んでいた。

• 3月31日頃の数日前

3月31日頃の数日前の午後、職場の運転手から、「警察が、お前の写真を持って、ガソリンスタンドで、お前が灯油を購入しなかったかと聞き込みをしている。お前が犯人だったんだな」と言われた。

職場の運転手から、「警察が、お前が灯油を購入しなかったかと聞き込みをしている」と言われて、購入した灯油を持っているのが怖くなった。

• 3月31日（金）頃

そこで、数日後の3月31日頃の仕事帰り、購入した灯油を、千歳市から早来町に向かう途中の市営牧場の手前の道路脇に、ポリタンクごと捨てた。

• 4月1日（土）

しかし、その翌日頃の4月1日、購入した灯油が存在しないとかえって怪しまれると思い直し、札幌市内のエステティックサロンに行った帰り、札幌市と千歳市の間の国道36号線沿いにあるセイコーマートで、赤色ポリタンクに入った10ℓの灯油を購入し直した。

購入し直した灯油を、車で運ぶ途中、少しこぼれた。そこで、押収された灯油は、9.5ℓだったのだと思う。灯油の臭いには気付かなかった。

また、捨てたポリタンクは、探さなかった。

- 4月1日の数日後

　4月1日の数日後、購入し直した灯油を、社宅に運んだ。そこで、社宅から、灯油が押収されたのだと思う。

　また、社宅で押収された灯油は、事件前夜（3月16日午前0時01分頃）に購入したものではなく、事件後（4月1日）に購入したものであるため、事件前夜に購入したものと、成分が異なっていたのだと思う。

- 弁護人に本当のことを供述しなかったことについて

　被害者に対する無言電話と同じく、本当のことを話すと、弁護人に見捨てられて、弁護人がいなくなってしまう不安があったからである。

3　灯油に関する事実(2)

(1)　捨てた灯油について

　被告人は、「3月31日頃、購入した灯油を、ポリタンクごと捨てた」と供述している。

　そして、9月26日、被告人は、伊東秀子弁護士から、「何か隠していることはないか」と言われ、①社宅で押収された灯油は、事件後に購入したものであること、②事件前夜に購入した灯油は、3月31日頃、ポリタンクごと捨てたことを告白した。

　そこで、弁護人は、被告人が捨てたポリタンクを探したが、発見できなかった。

4　弁護人の主張

　弁護人は、以下のような主張をしている。

(1)　被告人の行動・供述内容は、理解できるものであること

　被告人は、職場の運転手から、「警察が、お前が灯油を購入しなかったかと聞き込みをしている」と言われて、購入した灯油を持っているのが怖くなり、発作的に捨てたのであり、当時、被告人が、マスコミにひどい尾行や張り込みをされて、冷静で正常な思考や判断ができなくなっていた状況を考慮すると、人間の心情として理解できるものである。

　その他の被告人の裁判での供述内容も、理解できるものである。

(2) 灯油の購入の合理性

　　69頁の(7)に記載のとおりである。
(3) 被害者の死体の焼損の不可能性

　　69頁の(8)に記載のとおりである。

第5　被害者のロッカーの鍵

1　被害者のロッカーの鍵の発見（4月14日）
(1) 警察官らの供述

　4月14日、警察は、被告人の車両を差し押さえ、同車のグローブボックスの中から、被害者のロッカーの鍵を発見し、押収した。警察官らは、以下のような供述をしている。

　4月14日午前9時20分から、千歳警察署で、被告人の車両の捜索差押えを行い、これと並行して、同車の検証を行った。午前中、同車の助手席前のグローブボックス内に、鈴付きの「ＨＫ2943」と刻印された鍵1本があるのを発見した。これは、捜索差押許可状の対象外だったが、この鍵を持ち出して、協議し、鍵の形状から、Ｋビール事業所の配車センターの机かロッカーの鍵ではないかと考えた。

　そこで、配車センターに行き、責任者の承諾を得て、照合を開始した。そして、被害者の同僚女性のＳ.Ｙから、「2階の女子休憩室内のロッカーの鍵に似ている」と言われて、Ｓ.Ｙ立会いの下で照合したところ、被害者のロッカーの鍵と判明した。

　そこで、被害者のロッカーの鍵の差押許可状を、裁判所に請求し、差押許可状に基づき、被害者のロッカーの鍵を差し押さえた。そして、被害者のロッカーの鍵の差押調書、押収品目録を作成し、被告人に、押収品目録を渡した。（なお、刑事訴訟法上、差押えをした場合、押収品目録を交付しなければならないとされている。）

2 関連事実

(1) ロッカーに鍵をかけていたかについて

職場の複数の者は、「女子休憩室内のロッカーは、工場構内課の女性従業員4人（被害者、被告人、S.Y、T.N）は皆、鍵をかけていなかった」と供述している。

(2) ロッカーの鍵の置き場所について

職場の同僚女性のS.Yは、「ロッカーの鍵は、自分は、ロッカーの受け皿に置いていた」と供述している。

(3) 被害者のロッカーの鍵について

被害者のロッカーの鍵は、被害者が、前任者であるM.Tから引き継いだもので、M.Tが付けたお守りの鈴が付いたままだった。

(4) 被告人の車両のグローブボックス内について

被告人の車両のグローブボックス内は、車検証入れ、給油納品書、ビニール袋などが、乱雑に収められている状態であった。

3 被告人の供述

被告人は、以下のような供述をしている。

- 被害者のロッカーの鍵が発見されたことについて

自分の車のグローブボックス内に、被害者のロッカーの鍵が入っていた心当たりはない。

被害者は、自分の車に乗ったことがある。最近だと、3月9日夜、職場の上司の部長の送別会（千歳市内の居酒屋『海鮮市場』で開催）の行き、被害者を、自分の車で会場まで送り、帰りも、被害者を、他の従業員とともに、自分の車で職場まで送った。

- 車の施錠について

自分の車のスペアキーが、平成11年暮れから平成12年2月頃までの間、見当たらない状態にあった。また、自分の車を、無施錠で駐車していたこともあった。

- 被害者のロッカーの鍵の押収品目録について

被害者のロッカーの鍵の押収品目録は、4月14日に受け取っていない。こ

ういったものは、弁護人に渡しているが、受け取っていないので、渡していない。

5月23日、自分は逮捕されて、それ以降、身柄を拘束されたが、6月10日の警察による自分の家の捜索後に、自分の母親が、自分のバッグの中に、被害者のロッカーの鍵の押収品目録が入れられているのを見つけた。

- **ロッカーについて**

女子休憩室内のロッカーは、自分は、鍵をかけていなかった。ロッカーの鍵は、自分は、ロッカーの受け皿に置いていた。

4　検察官の主張

検察官は、以下のような主張をしている。

被告人は、被害者を殺害後、被害者の携帯電話を取得した。

そして、被告人は、被害者の生存偽装工作として、被害者の携帯電話から発信した。

さらに、被告人は、被害者の生存偽装工作として、被害者の携帯電話がもとから被害者の手元にあったことを偽装するために、被害者の携帯電話を、被害者のロッカー内に戻した。

そして、被告人は、被害者のロッカー内に戻すことを念頭に、被害者のロッカーの鍵を入手していた。

5　弁護人の主張

弁護人は、以下のような主張をしている。

(1)　被害者のロッカーの鍵の証拠能力の欠如

警察官は、被告人の同意もなく、かつ令状もないまま、被害者のロッカーの鍵を持ち出し、被害者のロッカーと照合しており、これは検証の範囲を超えた、違法なものである。

よって、その後の被害者のロッカーの鍵の差押え手続きも、違法であり、被害者のロッカーの鍵には、証拠能力（証拠となり得る資格）が認められない。

（なお、刑事訴訟法上、証拠能力が否定されるのは、令状主義の精神を没

却するような重大な違法がある場合であると解釈されている。)

(2) 検察官の主張の不合理性

検察官は、被告人が、被害者のロッカー内に戻すことを念頭に、被害者のロッカーの鍵を入手していたと主張している。

しかし、女子休憩室内のロッカーは、工場構内課の女性従業員4人（被害者、被告人、S.Y、T.N）は皆、鍵をかけていなかった。

よって、被告人が、被害者のロッカーの鍵を入手しておく必要はない。

(3) 被告人が入れっ放しにすることの不合理性

被告人が犯人であるとしたら、3月16日後、4月14日まで、1か月近くも、被害者のロッカーの鍵を、自分の車のグローブボックス内に入れっ放しにしていたことになり、そのような不合理な行動をするはずがない。

被告人が犯人であるとしたら、被害者の所持品（車の鍵、眼鏡入り眼鏡ケース、財布、ヘアピン、ガラス製の容器に入った香水、電話帳機能付電卓など）を、「早来町民の森」で焼いて投棄したのに、被害者のロッカーの鍵だけを、自分の車のグローブボックス内に入れっ放しにしていたことになり、そのような不合理な行動をするはずがない。

(4) 警察官が入れた可能性

警察官が、被告人の嫌疑を深めるために、事前に入手していた被害者のロッカーの鍵を、被告人の車両のグローブボックス内に入れて、発見を装って、証拠をねつ造した可能性が高い。理由は、以下のような理由である。

①女子休憩室内のロッカーは、工場構内課の女性従業員4人（被害者、被告人、S.Y、T.N）は皆、鍵をかけていなかった。

被害者のロッカーの鍵は、被害者が、前任者であるM.Tから引き継いだもので、M.Tが付けたお守りの鈴が付いたままだった。

S.Yも被告人も、ロッカーの鍵は、ロッカーの受け皿に置いていた。

よって、被害者が、ロッカーの鍵を持ち歩くことは考えられず、被害者のロッカーの鍵は、被害者のロッカーの受け皿に置かれていた可能性が高い。

②被害者のロッカーの鍵が、発見時以前から、被告人の車両のグローブボックス内に存在していたとしたら、被告人は、3月18日付けと同月26日付け給油納品書をグローブボックスに入れた際、被害者のロッカーの鍵があるこ

とに気付いたはずであるのに、そのまま保管していたことになり、被告人の車両内から被害者のロッカーの鍵が発見されたこと自体、不自然である。
③警察は、3月17日以降、被害者のロッカー内の捜査を何度か行っており、被害者のロッカーの鍵を入手可能な状況だった。

そして、警察は、4月14日の時点で、十分な証拠を取得できていない状況だった。

よって、警察官が、被告人の嫌疑を深めるために、事前に入手していた被害者のロッカーの鍵を、被告人の車両のグローブボックス内に入れて、発見を装って、証拠をねつ造した可能性が高い。

そして、警察は、4月14日、被害者のロッカーの鍵の押収品目録を、被告人に交付するのを忘れたため、6月10日の被告人方の捜索の際に、被告人のバッグに入れた可能性が高い。

(5) 犯人である被告人以外の者が入れた可能性

被告人の車両のスペアキーが、平成11年暮れから平成12年2月頃までの間、見当たらない状態にあった。

また、被告人の車両が、無施錠で駐車されていたこともあった。

よって、犯人が、犯人と疑われていた被告人に罪をきせようとして、被告人の車両のグローブボックス内に入れた可能性がある。

第6 被害者の所持品

1 被害者の所持品の発見（4月15日）

(1) 発見状況

4月15日午後4時20分頃、被害者の所持品（車の鍵、眼鏡入り眼鏡ケース、財布、ヘアピン、ガラス製の容器に入った香水、電話帳機能付電卓など）の残燃物が、「学校のドングリの子孫を残す会」（通称「ドングリの会」）の会員のＮ．Ｔにより、「早来町民の森」の作業用道路の路肩上で発見された。

同会の会員のＮ．Ｔは、同日午後3時30分頃から、自然観察コースの下見をして、午後4時20分頃、不審な焼け跡を発見し、ごみだと思ったもの

の、同会の代表のT.Mに報告した。

そして、T.Mは、現場を確認したところ、残燃物の中に車の鍵を発見し、おかしいと思い、翌16日午前０時過ぎ、警察に連絡した。

(2) 被害者のショルダーバッグ、所持品

被害者は、ショルダーバッグに、携帯電話、財布、眼鏡入り眼鏡ケース、化粧品、電話帳機能付電卓などを入れて、通勤していた。

被害者のショルダーバッグは、３月16日の事件後、行方が分からない状況だった。

(3) 発見現場

発見現場は、「早来町民の森」の作業用道路の路肩上であった。町道早来本郷線から東方約9.3ｍのところであった。

発見現場から被告人の自宅までの距離は、約3.6kmで、車での所要時間は、約５分であった。

発見現場から社宅までの距離は、約3.1kmであった。なお、被告人の父が、以前勤務していた木材会社の社宅を賃借していて、被告人は、度々訪れていた。

発見現場は、土地勘がなければ容易に行き着くことができない場所とも考えられる一方、町道早来本郷線は、付近住民が隣町への抜け道として利用している道路であり、そこから約9.3ｍしか離れておらず、行くことが困難であるともいえない場所でもあった。

発見現場付近は、夜は街灯もなく真っ暗な場所であった。

(4) 発見現場の土砂から灯油成分

北海道警の科学捜査研究所の山形典夫の鑑定により、死体発見現場の残物から、灯油成分が検出された。

ただ、これが、灯油と灯油型航空機燃料のいずれであるかまでは、判別できなかった。

(5) 大雨

４月10日午後９時から翌11日午前11時まで、合計56mmの大雨が降った。

残燃物には、雨で濡れた形跡や、雨に流された形跡はなかった。

つまり、被害者の所持品は、降雨終了時から発見時までの間、すなわち、

4月11日午前11時頃から15日午後4時20分頃までの間に、投棄されたものであった。

2　T.Mの供述（4月11日〜16日）

(1)　「ドングリの会」

「学校のドングリの子孫を残す会」（通称「ドングリの会」）は、「早来町民の森」と通称される早来町有林内の生活環境保全林作業小屋（ドングリハウス）を拠点に、自然観察活動を行っている有志の会であった。

同会は、平成7年頃、T.Mが発足させ、その代表となっていた。

被告人は、「ドングリの会」の発起人の1人で、中心的な会員であった。

(2)　T.M、T.R夫妻

T.Mの妻であるT.Rは、書道教室を経営していた。被告人は、小学校1年生の頃から、生徒として通っていた。T夫妻は、自宅で「喫茶店とれいる」を経営していた。被告人の行きつけの喫茶店であった。

(3)　T.Mの捜査段階での供述〜4月18日付け警察官調書

T.Mは、捜査段階の4月18日に、警察官に対して、以下のような供述をしている。

- **4月13日（木）**

4月13日、「早来町民の森」に車で行った。発見現場付近で降車していないので、たき火の跡があったかどうかは確認していない。

(4)　T.Mの捜査段階での供述〜弁護人に対して

T.Mは、6月6日、弁護人に対して、以下のような供述をしている。これは、弁護人作成の供述調書に記載されている。

- **4月11日（火）**

4月11日午後11時頃、不審な車は、警察の車ではないかと察知した。

(5)　T.Mの1審裁判での供述

T.Mは、1審裁判で証人として、以下のような供述をしている。

- **4月11日（火）**

4月11日午後9時頃、自分が経営している「喫茶店とれいる」に、被告人が来た。被告人から、「また、いつもの変な車が、被告人の車についてきて、

この近くに停まっている」と聞いた。そこで、外に出て、不審な車を見つけ、マスコミだと思い、「どこの社の者だ。うちのお客が気味悪がっている。なぜ、うちの店とお客を見張るのか」と聞いた。これに対して、「何も見張っていない。いちゃもんつけないでくれ」と言われた。そこで、不審な車のナンバーを控えて、店に帰った。

　午後11時頃、被告人が帰る際、心配だったので、被告人の車に、自分の車で後ろからついていく形で送った。被告人の自宅に着いたら、近くに、先ほどの不審な車が停まっていた。いったん帰宅したが、不審な車をもう一度確認しようと思い、確認しに行き、その後、帰宅した。

- **4月12日（水）**

　①被告人が出社

　　4月12日午前7時過ぎ、不審な車があるかを見に行ったところ、車があった。不審な車の前の方に、車を停めて、被告人の出社を待った。被告人の車が出発し、不審な車が尾行するのを確認して、帰宅した。

　　4月12日の時点で、不審な車が、警察の車という認識はなかった。4月25日、同じ車と人に会い、警察の車と分かった。

　②被告人が「喫茶店とれいる」

　　4月12日午後8時30分頃、「喫茶店とれいる」に、被告人が来た。その日は、被告人は、書道教室の日だった。被告人から、「今日は、変な車はついてきていない」と聞いた。

　　午後11時頃、被告人が帰る際、心配だったので、被告人の車に、自分の車で後ろからついていく形で送ったが、不審な車には気付かなかった。

- **4月13日（木）**

　①「早来町民の森」

　　4月13日午後5時過ぎ、「早来町民の森」に車で行った。4月10日夜から翌11日朝までの大雨に、雪解けが重なって、道がぬかるんでいた。他の車が自分の車の前に入っていれば、タイヤ痕などで分かるが、そのような痕跡はなかった。

　　また、発見現場付近に、物が燃えたような跡はなかった。

　　よって、誰かが、それ以降、15日午後4時20分頃までに、被害者の所持

品を、発見現場で焼いて投棄したのだと思う。

②被告人が「喫茶店とれいる」

　4月13日午後9時40分頃、「喫茶店とれいる」に、被告人が来たが、午後10時過ぎに、帰った。被告人を心配して、毎日顔を出すように言ったので、来たのだと思う。被告人から、「今日は、変な車はついてきていない」と聞いた。被告人に、「送っていこうか」と言ったら、被告人から、「コンビニに寄るからいい」と言われたので、送らなかった。

- **4月14日（金）**

　4月14日の朝、出社しようとしたところ、警察官がやって来て、「話を聞きたい」と言われた。午前8時30分頃から午後6時頃まで、警察官から事情聴取された。

　帰宅したところ、自分の自宅に、被告人や自分を心配してくれる人が集まって来てくれていて、弁護士をつけた方がいいという話になり、被告人の両親にも了承を得た。

- **4月15日（土）**

①伊東秀子弁護士と千歳警察署

　4月15日の朝、伊東秀子弁護士と連絡がとれた。妻と2人で、車で迎えに行き、昼頃、一緒に、被告人が取調べを受けている千歳警察署に行った。

②「ドングリの会」の会員から報告

　4月15日午後9時頃、「ドングリの会」の会員のＮ.Ｔから、「早来町民の森」で、不審な焼け跡を発見したと報告を受けた。伊東秀子弁護士を札幌に送り、午後12時頃、現場を確認しに行ったところ、残燃物の中に車の鍵を発見し、おかしいと思い、翌16日午前0時過ぎ、警察に連絡した。

- **4月16日（日）**

　4月16日、警察による発見現場の実況見分が行われ、自分は立ち会った。自分の車（ジムニー、軽自動車）で先導したが、自分の車は、泥だらけになった。警察の車（乗用車タイプ）も、泥だらけになり、埋まってしまった。

- **被告人の車について**

　被告人の車（日産マーチ、2ドアの小型車）は、車高が低いので、泥だらけになったらすぐ分かるが、泥だらけではなかった。よって、発見現場に行っ

ていないと思う。

3 警察官らの供述（4月11日～14日）

3月18日頃以降、警察は、被告人の行動を監視した。警察官らは、以下のような供述をしている。なお、被告人の行動を監視した警察官は、毎日同じ警察官ではなく、以下の(1)～(3)の供述は、それぞれ別の警察官の供述である。
(1) 4月11日～12日についての供述

- **4月11日（火）**

①日中

4月11日の日中の被告人の行動は、警察は誰も監視していない。

②被告人の自宅

4月11日午後7時40分頃、千歳警察署を車で出発して、被告人の自宅に向かい、午後8時頃、着いた。被告人の車はなかった。被告人の自宅の近くに、車を停めた。

上司から、被告人に気付かれないことを第1条件にするように指示を受けていた。そこで、車を停めた場所は、被告人の自宅の近くだが、被告人の車があるかは見えない場所だった。また、車を停めた場所は、被告人の自宅前の道の逆方向（車を停めた場所の方向とは逆方向）から、被告人が出入りした場合、気付かない場所だった。

③被告人が帰宅

4月11日午後8時30分頃、被告人の車があるかを見に行ったところ、車があった。被告人が車で帰宅したのには気付かなかった。被告人は、逆方向から帰宅したのだと思った。

④被告人が「喫茶店とれいる」

4月11日午後9時15分頃、被告人の車があるかを見に行ったところ、車はなかった。そこで、被告人が「喫茶店とれいる」に行ったのではないかと考え、同店に行ったところ、被告人の車があった。そこで、同店の近くに、車を停めた。

午後9時30分頃、T.Mがやってきて、「どこの社の者だ。うちのお客が気味悪がっている」と言われた。そこで、「車を停めているだけだ。言い

がかりをつけるのはやめてほしい」と言った。

⑤被告人が帰宅

　4月11日午後11時頃、被告人の車が「喫茶店とれいる」を出発し、また、T.Mの車も一緒に出発したので、尾行したが、見失った。そこで、午後11時10分頃、被告人の自宅に行ったところ、被告人の車があった。そこで、被告人の自宅の近くに、車を停めた。

　午後11時30分頃、T.Mの車が、自分の車が停車している付近を、2度通った。

- **4月12日（水）**

①被告人の車の確認

　その後、翌朝まで、1時間おきに、被告人の車があるかを見に行った。いずれも被告人の車があった。

②被告人が出社

　4月12日午前7時15分頃、T.Mの車が、被告人の自宅に来た。T.Mの車は、自分の車の20m位前に、停まった。

　午前7時54分頃、被告人の車が自宅を出発したので、尾行したところ、T.Mの車が後ろからついてきた。被告人の車を見失ったので、配車センターに行ったところ、午前8時35分頃、被告人の車を確認した。そこで、千歳警察署に帰った。

③日中

　その後の日中の被告人の行動は、警察は誰も監視していない。

(2)　4月12日～13日についての供述

- **4月12日（水）**

①被告人が「喫茶店とれいる」

　4月12日午後8時頃、千歳警察署を車で出発して、被告人の自宅に向かい、午後8時20分頃、着いた。被告人の車はなかった。そこで、被告人が「喫茶店とれいる」に行ったのではないかと考え、午後8時22分頃、同店に行ったところ、被告人の車があった。

　食事をしていなかったので、国道36号線にあるラーメン屋に行き、その後、トイレに行きたくなり、千歳警察署に行き、午後10時5分頃、「喫茶

店とれいる」に戻った。被告人の車があった。同店から少し離れた場所に、車を停めた。

上司から、「前日、T.Mに声をかけられている。被告人に気付かれないことを最優先にしろ。無理はするな」と指示を受けていた。そこで、車を停めた場所は、同店から少し離れた場所で、被告人の車があるかは見えない場所だった。

②被告人が帰宅

4月12日午後10時50分頃、被告人の車があるかを見に行ったところ、ちょうど被告人の車が「喫茶店とれいる」を出発したので、尾行したところ、午後10時55分頃、被告人は帰宅した。そこで、先ほど車を停めた場所（「喫茶店とれいる」から少し離れた場所）に、車を停めた。

- 4月13日（木）

①被告人の車の確認

その後、4月13日午前1時、3時、5時、7時、8時に、被告人の車があるかを見に行った。いずれも被告人の車があった。

②被告人が出社

4月13日の朝、被告人の車が自宅を出発したので、尾行したところ、午前8時20分頃、走行する被告人の車の左側面のドアやフェンダー付近に、前日夜には気付かなかった泥が付着しているのを目撃した。被告人の車のすぐ後ろを走っていて、快晴だったので、気付いた。

その後、被告人の車を見失い、本部に電話をしたところ、「戻って来い」と言われたので、千歳警察署に帰った。

③日中

その後の日中の被告人の行動は、警察は誰も監視していない。

(3) 4月13日～14日についての供述

- 4月13日（木）

①被告人の自宅

4月13日の夜、千歳警察署を車で出発して、被告人の自宅に向かい、午後7時20分頃、着いた。被告人の車はなかった。被告人の自宅から少し離れた場所に、車を停めた。

②被告人が帰宅

　4月13日午後8時45分頃、被告人の自宅に、被告人の車があるかを見に行ったところ、車があった。

③被告人がセブンイレブン早来町店

　4月13日午後9時40分頃、被告人の自宅に、被告人の車があるかを見に行ったところ、車があった。

　その後、「喫茶店とれいる」の閉店時間が近づいていたので、同店に行き、再び、被告人の自宅に向かったところ、午後10時23分頃、セブンイレブン早来町店の駐車場に、被告人の車があることを発見した。そこで、同店の近くに、車を停めた。

④被告人が帰宅

　被告人の車が同店を出発したので、尾行したところ、午後10時46分頃、被告人は帰宅した。そこで、被告人の自宅から少し離れた場所に、車を停めた。

- 4月14日（金）

①被告人の車の確認

　その後、4月14日午前1時5分、午前3時2分、午前6時25分に、被告人の車があるかを見に行った。いずれも被告人の車があった。

　上司から、被告人に気付かれないことを第1条件にするように指示を受けていた。そこで、頻繁に見に行かない方がよいと思った。

②被告人が出社

　4月14日午前7時55分頃、被告人の車があるかを見に行ったところ、信号待ちをしていた被告人の車を発見したので、尾行したところ、出社したので、千歳警察署に帰った。

4　関連事実（4月13日～15日）

- 4月13日（木）

　4月13日、被告人は、Ⅰ.Mに対して、「解決したら、一晩、Ⅰ.Mの時間を私に下さい。Ⅰ.Mのとなりで眠らせてください。2人で会える時、連絡下さい。待ってます」との手紙を書いた。

- **4月14日（金）**

　4月14日午前8時30分頃から午後11時過ぎ頃まで、警察は、被告人を取調べた。また、同日、警察は、被告人方を捜索し、また、被告人の車両を差し押さえた。

- **4月15日（土）**

　4月15日午前9時頃から午後7時30分頃まで、警察は、被告人を取調べた。同日、被告人は、伊東秀子弁護士を、弁護人に選任した。

5　被告人の供述

　被告人は、以下のような供述をしている。

- **警察による監視について**

　尾行車等は、マスコミの車だと思っていた。警察に監視されているとは思わなかった。

- **4月11日（火）**

　4月11日の夜、行きつけの「喫茶店とれいる」に行った。その際、車に尾行されていることに気付いた。同店の店長のT.Mに、「また、いつもの変な車が、自分の車についてきて、この近くに停まっている」と話した。

- **4月12日（水）**

　4月12日の夜、「喫茶店とれいる」に行ったかは、覚えていない。

- **4月13日（木）**

　4月13日の夜、「喫茶店とれいる」やセブンイレブン早来町店に行ったかは、覚えていない。

- **4月14日（金）**

　4月14日、出社したところ、待機していた警察官に、自分の車を差し押さえられた。そして、千歳警察署に連れていかれて、取調べを受けた。

　警察官から、「お前がやったんだろう」、「会社の人もみんな、お前がやったと疑っているんだ」などと怒鳴られて、会社の人に疑われていると言われたショックと、怒鳴られた恐怖で、体の震えが止まらなくなった。

　さらに、警察官から、「お前は鬼だ。早く真人間に戻れ」、「ごめんなさいと言ってみろ」などと怒鳴られた。気分が悪いと言っても、警察官から、「仮病

だ」、「お前がごめんなさいと言わないからだ」などと怒鳴られた。

　夜の12時頃、警察官に送られて、家に着いた。その日は、警察官の怒鳴り声が頭に残って、ほとんど眠ることができなかった。
- **4月15日（土）**

　4月15日も、朝から、千歳警察署に連れていかれて、取調べを受けた。警察官から、同じように、怒鳴られた。

　昼頃、伊東秀子弁護士が面会に来てくれた。その後、警察官の態度は、普通になった。

6　弁護人の主張

　弁護人は、以下のような主張をしている。
(1)　被告人による投棄の不可能性

　　被告人は、警察から監視されていて、また、マスコミからも尾行や張り込みをされていたことから、投棄するのは不可能である。

　　警察官らは、警察による被告人の行動の監視について、「1、2時間間隔での監視であった」と供述しているが、本件のような事件における監視が、このような間の抜けた実態であるとは到底考えられない。
(2)　被告人による投棄の不合理性

　　被告人が犯人であるとしたら、被害者の所持品を、自宅近くで焼いて投棄するのは、かえって自分が犯人であると疑われるだけであるから、そのような不合理な行動をするはずがない。

　　被告人が犯人であるとしたら、「ドングリの会」の会員が立ち入る場所であることを知っていたのであるから、そのような場所に投棄するはずがない。

　　被告人が犯人であるとしたら、警察やマスコミに見つかれば、直ちに犯人と断定されるような危険な行動をとったことになり、そのような不合理な行動をするはずがない。
(3)　投棄した者について

　　犯人は、被害者の所持品を、被告人の自宅近くで焼いて投棄することにより、犯人と疑われていた被告人に罪をきせようとしたものである。

第7 起訴後

1 確定審（1審、2審、上告審）

6月13日午後8時頃、検察官は、被告人を起訴（公判請求）した。

9月26日、被告人は、伊東秀子弁護士から、「何か隠していることはないか」と言われ、①「被害者に無言電話をかけた」、②「社宅で押収された灯油は、事件後に購入したものである」と告白した。

平成15年3月26日、札幌地方裁判所は、懲役16年の有罪判決を下した。被告人は、控訴した。

平成17年9月29日、札幌高等裁判所は、控訴棄却判決を下した。被告人は、上告した。

平成18年9月25日、最高裁判所は、上告棄却決定を下した。被告人は、異議申立てをした。10月12日、最高裁判所は、異議申立て棄却決定を下した。これにより、1審判決の懲役16年の有罪判決が確定した。

2 再審請求審

平成24年10月15日、被告人は、札幌地方裁判所に対して、再審請求をした。

平成26年4月21日、札幌地方裁判所は、再審請求棄却決定を下した。被告人は、即時抗告した。

平成27年7月17日、札幌高等裁判所は、即時抗告棄却決定を下した。被告人は、特別抗告した。

平成28年6月13日、最高裁判所は、特別抗告棄却決定を下した。

第2部
検討～犯人は被告人か

犯人の行動

犯人は被告人かを検討するにあたり、まず、犯人の行動を検討する。

第1 犯行

1 犯行
犯人による犯行は、以下のとおりである。
(1) 平成12年3月16日午後9時30分頃から同日午後11時頃までの間、犯人は、北海道千歳市、恵庭市又はその周辺において、被害者の頸部を圧迫して、被害者を殺害した。
(2) 同日午後11時頃、犯人は、北海道恵庭市北島39番先市道南8号路上において、被害者の死体に灯油類（灯油又は灯油型航空機燃料）をかけて火を放ち、被害者の死体を焼損した。

　この点、被害者の死体焼損開始時刻については、3月16日午後11時頃と考えるが、この点については、214頁以下で検討する。

2 犯人の犯行時の状況
(1) 犯人は、3月16日午後11時頃、①車に乗っていた、②バイクに乗っていた、③自転車に乗っていた、④乗り物に乗っていなかったといった可能性

が考えられる。

　しかし、犯人は、死体焼損開始時に、多量の灯油類を所持していたこと等を考えると、車に乗っていた以外の可能性は、ほぼ皆無であると考えてよいと思われる。

(2)　また、犯人は、同日午後11時頃、車に、多量の灯油類を積んでいて、また、点火道具（ライター等）を所持していたと認められる。

第2　被害者の携帯電話

1　「何者か」の行動

75頁以下から、以下の事実が認められる。

(1)　3月17日午前0時05分頃から午前0時06分頃まで、何者かが、「千歳BSセクター3」の捕捉範囲において、被害者の携帯電話から、合計4回、Ｉ.Mの携帯電話、Kビール㈱千歳工場の代表電話、同工場の施設管理室に対して、発信し、いずれも通話状態に至る前に切った。

　合計4回は、①3月17日午前0時05分31秒から49秒まで、代表電話、②0時05分56秒から0時06分00秒まで、Ｉ.Mの携帯電話、③0時06分04秒から05秒まで、代表電話、④0時06分29秒から49秒まで、施設管理室であった。

(2)　3月17日午前3時02分頃、何者かが、「早来BSセクター1」の捕捉範囲において、被害者の携帯電話から、合計3回、Ｉ.Mの携帯電話、施設管理室に対して、発信し、いずれも通話状態に至る前に切った。

　合計3回は、⑤3月17日午前3時02分09秒から15秒まで、Ｉ.Mの携帯電話、⑥3時02分19秒から25秒まで、施設管理室、⑦3時02分38秒から55秒まで、施設管理室であった。

(3)　(1)と(2)の発信について、何者かが、①着信履歴を利用したか、②その他の方法で、代表電話と施設管理室に発信した。

(4)　(1)と(2)の発信について、何者かが、①知っていたＩ.Mの携帯電話番号を入力したか、②「Ｉ.M」の名前を入力して、番号を呼び出したか、③その

他の方法で、メモリーダイヤルを検索して45件登録されている中から選び、I.Mの携帯電話に発信した。
(5)　(1)と(2)の発信について、3月17日午後3時05分頃までの間、<u>何者かが</u>、これらの合計7回の発信履歴を、削除した。
(6)　3月17日午後0時36分頃から午後3時05分頃までの間、<u>何者かが</u>、Kビール事業所の配車センター2階の女子休憩室に入り、被害者のロッカーを開けて、①被害者の携帯電話を、電源を切って、被害者のロッカー内に戻したか、②既に被害者のロッカー内に戻しておいた被害者の携帯電話の電源を切った。

2　「何者か」は犯人か

(1)　弁護人の主張

弁護人は、「何者か」が犯人以外の者であるとの主張は、していないと思われる。

(2)　裁判所の判断

1審判決、2審判決ともに、「何者か」が犯人であると考えているが、なぜ、「何者か」が犯人であるかについての理由を示していない。

(3)　検討

(ア)　3月16日午後8時30分頃、被害者は、自宅に電話をしているから、被害者は、少なくともそのときまで、携帯電話を所持していた。

職場では、仕事中は、携帯電話は、ロッカー内や車の中に置くことになっていて、被告人は、「被害者は、2階の女子休憩室に行き、自宅に電話をして、頼んだ様子だった」と供述しているから、被害者の携帯電話は、少なくとも午後8時30分頃まで、被害者のロッカー内にあったと考えられる。

(イ)　そして、<u>「何者か」が犯人である場合</u>としては、以下の場合（①）が考えられる。

①被害者は、同日午後9時30分頃、被告人と連れ立って退社した際、携帯電話を持って帰った。

しかし、被害者は、同日午後9時30分頃から同日午後11時頃までの間、

犯人による犯行に遭い、被害者の携帯電話は、被害者の手を離れ、犯人が、被害者の携帯電話を取得した。

犯人は、その後（被害者の死体焼損開始時刻である午後11時頃の約1時間後以降）、1(1)〜(6)の行為をした。

(ウ)　他方、「何者か」が犯人以外の者である場合としては、以下のような場合（②〜④）が考えられる。

②被害者は、同日午後9時30分頃、被告人と連れ立って退社した際、携帯電話をロッカーに忘れて帰った。

そして、犯人でない者が、Kビール事業所の配車センター2階の女子休憩室に入り、被害者のロッカーを開けて、被害者の携帯電話を取得した。

犯人でない者は、その後、1(1)〜(6)の行為をした。

③被害者は、同日午後9時30分頃、被告人と連れ立って退社した際、携帯電話を持って帰った。

しかし、被害者は、犯人による犯行に遭う前に、どこかに携帯電話を落とし、犯人でない者が、それを拾って取得した。

犯人でない者は、その後、1(1)〜(6)の行為をした。

④①のように取得した犯人が、被害者の携帯電話から発信後（1(1)〜(4)の行為後）、どこかに被害者の携帯電話を落とし、犯人でない者が、それを拾って取得した。

犯人でない者は、その後、1(6)の行為をした。

(エ)　この点、②の場合については、犯人でない者が、Kビール事業所の配車センター2階の女子休憩室に入り、被害者のロッカーを開けて、被害者の携帯電話を取得した上、1(1)〜(6)の行為をするというのは、およそ考えられない。

③の場合についても、犯人でない者が、1(1)〜(6)の行為をするというのは、およそ考えられない。

④の場合についても、犯人が、どこかに被害者の携帯電話を落とした上、犯人でない者が、それを拾って取得し、1(6)の行為をするというのは、およそ考えられない。

よって、①の場合、すなわち、「何者か」は、犯人であると考えるのが

妥当である。「何者か」が犯人以外の者である可能性は、ほぼ皆無であると考えてよいと思われる。

第3 被害者の所持品

1 「何者か」の行動

107頁以下から、以下の事実が認められる。

4月11日午前11時頃から15日午後4時20分頃までの間、何者かが、「早来町民の森」の作業用道路の路肩上において、被害者の所持品（車の鍵、眼鏡入り眼鏡ケース、財布、ヘアピン、ガラス製の容器に入った香水、電話帳機能付電卓など）に、灯油類（灯油又は灯油型航空機燃料）をかけて火を放ち焼損した。

2 「何者か」は犯人か

(1) 弁護人の主張

弁護人は、「何者か」が犯人以外の者であるとの主張は、していないと思われる。

(2) 裁判所の判断

1審判決、2審判決ともに、「何者か」が犯人であると考えているが、なぜ、「何者か」が犯人であるかについての理由を示していない。

(3) 検討

(ア) 被害者は、ショルダーバッグに、携帯電話、財布、眼鏡入り眼鏡ケース、化粧品、電話帳機能付電卓などを入れて、通勤していた。

被害者のショルダーバッグは、3月16日の事件後、行方が分からない状況だった。

(イ) そして、「何者か」が犯人である場合としては、以下の場合（①）が考えられる。

①被害者は、3月16日午後9時30分頃、被告人と連れ立って退社した際、ショルダーバッグを持って帰った。

しかし、被害者は、同日午後9時30分頃から同日午後11時頃までの間、犯人による犯行に遭い、被害者のショルダーバッグは、被害者の手を離れ、犯人が、これを取得した。

　犯人は、その後（約1か月後）、1の行為をした。

(ウ)　他方、「何者か」が犯人以外の者である場合としては、以下のような場合（②〜④）が考えられる。

②被害者は、3月16日午後9時30分頃、被告人と連れ立って退社した際、ショルダーバッグをロッカーに忘れて帰った。

　そして、犯人でない者が、Kビール事業所の配車センター2階の女子休憩室に入り、被害者のロッカーを開けて、被害者のショルダーバッグを取得した。

　犯人でない者は、その後（約1か月後）、1の行為をした。

　なお、3月17日午後3時05分頃、被害者の携帯電話が、被害者のロッカー内から発見されているから、被害者のショルダーバッグを取得したのは、そのときまでであることになる。

③被害者は、3月16日午後9時30分頃、被告人と連れ立って退社した際、ショルダーバッグを持って帰った。

　しかし、被害者は、犯人による犯行に遭う前に、どこかにショルダーバッグを落とし、犯人でない者が、それを拾って取得した。

　犯人でない者は、その後（約1か月後）、1の行為をした。

④①のように取得した犯人が、その後、どこかに被害者のショルダーバッグを落とし、犯人でない者が、それを拾って取得した。

　犯人でない者は、その後、1の行為をした。

(エ)　この点、②の場合については、犯人でない者が、Kビール事業所の配車センター2階の女子休憩室に入り、被害者のロッカーを開けて、被害者のショルダーバッグを取得した上、その後（約1か月後）、1の行為をするというのは、およそ考えられない。

　　③の場合についても、被害者が、どこかにショルダーバッグを落とした上、犯人でない者が、それを拾って取得し、その後（約1か月後）、1の行為をするというのは、およそ考えられない。

④の場合についても、犯人が、どこかに被害者のショルダーバッグを落とした上、犯人でない者が、それを拾って取得し、その後、1の行為をするというのは、およそ考えられない。
　　よって、①の場合、すなわち、「何者か」は、犯人であると考えるのが妥当である。「何者か」が犯人以外の者である可能性は、ほぼ皆無であると考えてよいと思われる。

第4　犯人の行動のまとめ

1　犯人の行動のまとめ
　以上の検討に基づいて、犯人の行動をまとめると、以下のようになる。
(1)　犯行
　(ア)　平成12年3月16日午後9時30分頃から同日午後11時頃までの間、犯人は、北海道千歳市、恵庭市又はその周辺において、被害者の頸部を圧迫して、被害者を殺害した。
　(イ)　同日午後11時頃、犯人は、北海道恵庭市北島39番先市道南8号路上において、被害者の死体に灯油類(灯油又は灯油型航空機燃料)をかけて火を放ち、被害者の死体を焼損した。
　　その際、犯人は、車に乗っていて、多量の灯油類を積んでいて、また、点火道具(ライター等)を所持していた。
(2)　被害者の携帯電話
　(ア)　3月17日午前0時05分頃から午前0時06分頃まで、犯人は、「千歳BSセクター3」の捕捉範囲において、被害者の携帯電話から、合計4回、I.Mの携帯電話、Kビール㈱千歳工場の代表電話、同工場の施設管理室に対して、発信し、いずれも通話状態に至る前に切った。
　　合計4回は、①3月17日午前0時05分31秒から49秒まで、代表電話、②0時05分56秒から0時06分00秒まで、I.Mの携帯電話、③0時06分04秒から05秒まで、代表電話、④0時06分29秒から49秒まで、施設管理室であった。

(イ) 3月17日午前3時02分頃、犯人は、「早来ＢＳセクター1」の捕捉範囲において、被害者の携帯電話から、合計3回、Ｉ.Ｍの携帯電話、施設管理室に対して、発信し、いずれも通話状態に至る前に切った。

合計3回は、⑤3月17日午前3時02分09秒から15秒まで、Ｉ.Ｍの携帯電話、⑥3時02分19秒から25秒まで、施設管理室、⑦3時02分38秒から55秒まで、施設管理室であった。

(ウ) (ア)と(イ)の発信について、犯人は、①着信履歴を利用したか、②その他の方法で、代表電話と施設管理室に発信した。

(エ) (ア)と(イ)の発信について、犯人は、①知っていたＩ.Ｍの携帯電話番号を入力したか、②「Ｉ.Ｍ」の名前を入力して、番号を呼び出したか、③その他の方法で、メモリーダイヤルを検索して45件登録されている中から選び、Ｉ.Ｍの携帯電話に発信した。

(オ) (ア)と(イ)の発信について、3月17日午後3時05分頃までの間、犯人は、これらの合計7回の発信履歴を、削除した。

(カ) 3月17日午後0時36分頃から午後3時05分頃までの間、犯人は、Ｋビール事業所の配車センター2階の女子休憩室に入り、被害者のロッカーを開けて、①被害者の携帯電話を、電源を切って、被害者のロッカー内に戻したか、②既に被害者のロッカー内に戻しておいた被害者の携帯電話の電源を切った。

(3) 被害者の所持品

4月11日午前11時頃から15日午後4時20分頃までの間、犯人は、「早来町民の森」の作業用道路の路肩上において、被害者の所持品（車の鍵、眼鏡入り眼鏡ケース、財布、ヘアピン、ガラス製の容器に入った香水、電話帳機能付電卓など）に、灯油類（灯油又は灯油型航空機燃料）をかけて火を放ち焼損した。

第2章

被告人が犯人であることを推認させる間接事実

　次に、被告人が犯人であることを推認させる間接事実について、検討する。

　本件は、被告人の犯行を裏付ける直接証拠はなく、状況証拠（間接証拠）しかない事件である。

　この点、直接証拠とは、犯罪事実を直接証明する証拠をいう。例えば、被告人の自白、目撃者や被害者の犯行目撃供述などである。

　間接証拠とは、犯罪事実を推認させる事実（間接事実）を証明する証拠をいう。

　そこで、被告人が犯人であることを推認させる間接事実を検討し、これから、被告人が犯人であることを、どの程度推認できるかを検討する。

第1　被害者の携帯電話⑴〜被害者の携帯電話を、被害者のロッカー内に戻した者

1　犯人の行動

　127頁の1⑵(カ)の事実は、以下のとおりである。

　3月17日午後0時36分頃から午後3時05分頃までの間、犯人は、Kビール事業所の配車センター2階の女子休憩室に入り、被害者のロッカーを開けて、①被害者の携帯電話を、電源を切って、被害者のロッカー内に戻したか、

②既に被害者のロッカー内に戻しておいた被害者の携帯電話の電源を切った。

2　弁護人の主張
(1)　被害者の携帯電話を、被害者のロッカー内に戻した者について
　　83頁の(7)に記載のとおりである。

3　裁判所の判断
(1)　1審判決
　　1審判決は、以下のように判示している。この点、判決は、1文が長い等、読みにくく分かりにくいところがあるので、形式面について、改行（1文中であっても、改行）したり、読点を加えたりする等して、できるだけ分かりやすくなるようにした。以下の判決も、全て同じである。

　　（中略），部外者が，工場構内課従業員に見咎められることなく，配車センター2階に上がる可能性がないとまではいえない。

　　しかし，犯人がKビール事業所部外者であった場合には，配車センター部内者に見咎められる危険を冒してまで，被害者の携帯電話を，不案内な配車センター内部の特定困難な被害者使用ロッカー内に戻し，あるいは，3月17日午後零時36分ころ以降に，被害者の携帯電話の電源を切って，被害者使用ロッカー内に戻す理由も必要もなかったはずであり，前記通話記録上の発信先等をも併せ考えるとき，

　　配車センターが無人である時間帯に，キーボックス在中の鍵を悪用した可能性の点を含め，Kビール事業所部外者による可能性は否定される。

(2)　2審判決
　　2審判決は、以下のように判示している。

　　そして，昼休みの間は，女子作業員詰所では，女性従業員が昼食をとるなどしているから，昼休みに，部外者や男性従業員が，同詰所内更衣室に入って，上記の行為をすることは不可能であり，

　　それ以外の時間において，Kビール事業所部外者が，同詰所に侵入することは，物理的に不可能とまではいえないが，あくまでそれは抽象的な可

能性があるに止まるというべきである。

このように，犯人は，事件後，被害者の携帯電話を，配車センター２階女子作業員詰所内更衣室の被害者のロッカーに戻しているが，

犯人が，被害者と全く関係のない行きずりの者であるとしたら，わざわざそのような行為に及ぶ理由も必要もなく，また，その実現可能性も全く考えられないから，

この事実は，犯人が，行きずりの者ではないことを示しているといえる。

同様に，配車センター内部の構造を知らない部外者が，不審者として誰かに見咎められる危険を冒してまで，２階の更衣室に入り，被害者の携帯電話をそのロッカーに戻すなどというのは，余りにも現実的可能性のないことである。

しかも，同詰所は，本件犯行の約20日前である２月25日に，１階から２階に移転したばかりで，部外者がそれを知り得る状況ではなかった上，

同詰所内更衣室は，同詰所出入口東側ロッカーを隔てた裏側（東側）にあり，

被害者のロッカーは，そこにあった三連ロッカーの一番奥まった位置にあって，名札等はなく，外部からはその使用者を容易に判別できない状況にあったものである。

以上によれば，結局，犯人は，配車センターの２階に行ってもさほど不信感を抱かれない人間，すなわち，被告人を含め当時のＫビール事業所従業員であると合理的に推認できる。

4 検討(1)

(1) 犯人像

裁判所の判断のとおり，<u>犯人は，Ｋビール事業所の従業員と考えるのが妥当である。</u>

なお、Ｋビール事業所の従業員ではないが、全くの部外者でもない関係者、すなわち、清掃婦、自動販売機飲料水補充作業員の中で、１階から２階に移転したばかりの女子休憩室に出入りしたことがある者がいれば、その者は、被害者のロッカーの場所を知らなくても、ロッカーは４個しかな

かったことから、犯人である可能性があるが、このような者は、限られると思われる。

　犯人がKビール事業所の従業員以外の者である可能性は、この限られた関係者を除いて、ほぼ皆無であると考えてよいと思われる。

　また、犯人が複数犯の場合は、その複数の者のうちの少なくとも1人が、Kビール事業所の従業員と考えるのが妥当である。

(2)　被告人が犯人であることを推認させる間接事実

　そして、被告人は、Kビール事業所の従業員であった。

　また、Kビール事業所の従業員は、52人（53人から被害者を除く）であった。つまり、犯人は、この52人と、上記の限られた関係者の中にいるから、この検討で、相当絞られているといえる。

5　検討(2)

(1)　犯人の行動

　また、犯人は、Kビール事業所の配車センター2階の女子休憩室に入り、被害者のロッカーを開けた。

(2)　被告人が犯人であることを推認させる間接事実

　そして、被告人は、女子休憩室にあったロッカー4個のうちの1個を使用していた、工場構内課の女性従業員4人（被害者、被告人、S.Y、T.N）のうちの1人であった。

第2　被害者の携帯電話(2)〜被害者の携帯電話の所持者としての動き

1　犯人の行動

126頁の1(1)(ア)、(イ)、(2)(ア)、(イ)、(カ)の事実は、以下のとおりである。

(1)　犯行

　(ア)　平成12年3月16日午後9時30分頃から同日午後11時頃までの間、犯人は、北海道千歳市、恵庭市又はその周辺において、被害者の頸部を圧

迫して、被害者を殺害した。
　(イ)　同日午後11時頃、犯人は、北海道恵庭市北島39番先市道南8号路上において、被害者の死体に灯油類（灯油又は灯油型航空機燃料）をかけて火を放ち、被害者の死体を焼損した。
(2)　被害者の携帯電話
　(ア)　3月17日午前0時05分頃から午前0時06分頃まで、犯人は、「千歳ＢＳセクター3」の捕捉範囲において、被害者の携帯電話から、合計4回、Ｉ.Ｍの携帯電話、Ｋビール㈱千歳工場の代表電話、同工場の施設管理室に対して、発信し、いずれも通話状態に至る前に切った。
　(イ)　3月17日午前3時02分頃、犯人は、「早来ＢＳセクター1」の捕捉範囲において、被害者の携帯電話から、合計3回、Ｉ.Ｍの携帯電話、施設管理室に対して、発信し、いずれも通話状態に至る前に切った。
　(ウ)　3月17日午後0時36分頃から午後3時05分頃までの間、犯人は、Ｋビール事業所の配車センター2階の女子休憩室に入り、被害者のロッカーを開けて、①被害者の携帯電話を、電源を切って、被害者のロッカー内に戻したか、②既に被害者のロッカー内に戻しておいた被害者の携帯電話の電源を切った。

2　弁護人の主張

(1)　被害者の携帯電話と被告人の動きの不一致
　　82頁の(5)に記載のとおりである。

3　裁判所の判断

(1)　1審判決
　　1審判決は、以下のように判示している。
　　しかも、本件当時のＫビール事業所従業員の居住関係は、被害者及び被告人を除く51名が、別紙記載のとおりであって、早来町及びその近傍に居住していたのは、被告人のみであるが、
　　被告人は、3月16日午後11時36分ころ、（中略）ガソリンキング恵庭店で、被告人車両に、ガソリン9.50リットルを給油し、

「千歳BSセクター3」の捕捉範囲内を通過した上，

翌17日午前1時43分ころ，被告人の自宅近傍の（中略）ローソン早来栄町店で買い物をして，

「早来BSセクター1」の捕捉範囲内にある，自宅に戻り，

同日午前8時20分ころ，「長都BSセクター1及び2と千歳BSセクター6及び1」の捕捉範囲内にある，配車センターに出勤するなど，

被害者の携帯電話と同様の移動をしたことが認められ，その余のKビール事業所従業員が，時間的に，同様の移動経路を辿るべき理由や必要は見出せない。

(2) 2審判決

2審判決は、以下のように判示している。

㋐ 他方，被告人は，（中略．1審判決とほぼ同内容），犯人ないし被害者の携帯電話の動きと，同様の動きをしていることが認められ，この事実も，被告人の犯人性を示す有力な間接事実である。

㋑ 所論は，（中略），犯人の移動経路と，被告人の移動経路は，一致しないと主張する。

しかし，所論は，被告人が停止もせずに移動していたことを前提として，初めて成り立つものであって，被告人は，自己の携帯電話と違う機種の被害者の携帯電話を使用し，しかも，零時5分31秒から6分49秒までに，勤務先やI.Mに合計4回電話を掛けていることに鑑みると，ガソリンキング恵庭店で給油した後，早来町に向かう途中で車を停止して，電話をしたとも考えられ，（中略），所論は採用できない。

4 検討(1)～犯人像

(1) 被害者の携帯電話の所持者としての動き

犯人は、以下のような動きをしたことが認められる。

①3月16日午後11時頃、北海道恵庭市北島39番先市道南8号路上にいた。

②3月17日午前0時05分頃から午前0時06分頃まで、「千歳BSセクター3」の捕捉範囲（千歳市新富2丁目の東南東の方角）にいた。

③同日午前3時02分頃、「早来BSセクター1」の捕捉範囲（勇払郡早来町

字北進の西北西から東北東までの間の方角）にいた。
④同日午後０時36分頃から午後３時05分頃までの間、Ｋビール事業所の配車センター２階の女子休憩室に入った。

(2) 犯人の自宅

犯人は、Ｋビール事業所の従業員と考えるのが妥当であるところ、３月16日は木曜であり、翌17日の金曜は、通常は勤務日であった。

犯人は、①の犯行後、通常は帰宅しようとしたと考えられるが、翌日が勤務日であるならなおさら、翌日の勤務に備え、帰宅しようとした可能性が高いと考えるのが妥当である。

そうすると、犯人は、①の犯行後、②は、自宅に帰る途中であり、③は、犯行から４時間も経過していること、一般的に熟睡時間帯であることを考えると、帰宅していた可能性が高いと考えるのが妥当である。

そして、犯人は、その後、就寝し、17日の出社時間帯に、通常とおり、Ｋビール事業所に出社し、④で、同所の配車センター２階の女子休憩室に入った可能性が高いと考えるのが妥当である。

よって、死体発見現場（①）から犯人の自宅（③）までに、「千歳ＢＳセクター３」の捕捉範囲（②）がある可能性が高いと考えるのが妥当である。

また、犯人の自宅（③）は、「早来ＢＳセクター１」の捕捉範囲である可能性が高いと考えるのが妥当である。

5　検討(2)～被告人が犯人であることを推認させる間接事実

(1) 犯人の行動と被告人の行動の重ね合わせ

犯人の行動と被告人の行動を重ね合わせると、以下のようになる。

①３月16日午後９時30分頃、被告人と被害者は、Ｋビール事業所の配車センターを退社した。

②同日午後９時30分頃から午後11時頃までの間、犯人は、北海道千歳市、恵庭市又はその周辺において、被害者の頸部を圧迫して、被害者を殺害した。

③同日午後11時頃、犯人は、北海道恵庭市北島39番先市道南８号路上において、被害者の死体に灯油類（灯油又は灯油型航空機燃料）をかけて

火を放ち、被害者の死体を焼損した。

配車センターから死体発見現場までの車での所要時間は、約25分であった。

④同日午後11時30分頃から34分頃まで、<u>被告人は、</u>ガソリンキング恵庭店にいた。

死体発見現場からガソリンキング恵庭店までの車での所要時間は、⑴2回の警察による走行実験では、1回目は、19分20秒、2回目は、19分5秒、⑵2回の裁判所の検証による走行実験では、前者は、22分51秒、後者は、25分17秒、⑶2回の警察による走行実験では、1回目は、21分20秒、2回目は、21分25秒であった。

⑤3月17日午前0時05分頃から06分頃まで、<u>犯人は、</u>「千歳ＢＳセクター3」の捕捉範囲（千歳市新富2丁目の東南東の方角）にいて、被害者の携帯電話から発信した。

ガソリンキング恵庭店から被告人の自宅までに、「千歳ＢＳセクター3」の捕捉範囲があった。

⑥同日午前1時43分頃、<u>被告人は、</u>自宅前にあるローソン早来栄町店で、買い物をした。

⑦その後、<u>被告人は、</u>帰宅した。

⑧同日午前3時02分頃、<u>犯人は、</u>「早来ＢＳセクター1」の捕捉範囲（勇払郡早来町字北進の西北西から東北東までの間の方角）にいて、被害者の携帯電話から発信した。

被告人の自宅は、「早来ＢＳセクター1」の捕捉範囲であった。

⑨同日午前8時20分頃、<u>被告人は、</u>Ｋビール事業所の配車センターに出社した。

⑩同日午前9時29分18秒から午前11時52分25秒まで、<u>被害者の携帯電話は、</u>「長都ＢＳセクター1及び2と千歳ＢＳセクター6及び1」の捕捉範囲にあった。

Ｋビール事業所の配車センターは、「長都ＢＳセクター1及び2と千歳ＢＳセクター6及び1」の捕捉範囲であった。

⑪同日午後0時36分頃から午後3時05分頃までの間、<u>犯人は、</u>Ｋビール

事業所の配車センター２階の女子休憩室に入り、被害者のロッカーを開けて、①被害者の携帯電話を、電源を切って、被害者のロッカー内に戻したか、②既に被害者のロッカー内に戻しておいた被害者の携帯電話の電源を切った。

(2) 犯人と被告人の動きの一致

②、③、⑤、⑧、⑪の「犯人」を「被告人」としても、時間的・場所的に整合し、犯人と被告人の動きが一致する。

(3) 犯人の自宅と被告人の自宅の一致

4(2)のように、死体発見現場から犯人の自宅までに、「千歳ＢＳセクター３」の捕捉範囲がある可能性が高いと考えるのが妥当である。

そして、死体発見現場から被告人の自宅までに、「千歳ＢＳセクター３」の捕捉範囲があった。

また、犯人の自宅は、「早来ＢＳセクター１」の捕捉範囲である可能性が高いと考えるのが妥当である。

そして、被告人の自宅は、「早来ＢＳセクター１」の捕捉範囲であった。

さらに、Ｋビール事業所の従業員52人（53人から被害者を除く）のうち、早来町近辺の居住者は、被告人のみであった。

第3　被害者の携帯電話(3)～被害者の携帯電話から、Ｉ.Ｍの携帯電話に発信した者

1　犯人の行動

126頁の1(2)(ア)～(エ)の事実は、以下のとおりである。

(1) 3月17日午前０時05分頃から午前０時06分頃まで、犯人は、「千歳ＢＳセクター３」の捕捉範囲において、被害者の携帯電話から、合計4回、Ｉ.Ｍの携帯電話、Ｋビール㈱千歳工場の代表電話、同工場の施設管理室に対して、発信し、いずれも通話状態に至る前に切った。

合計4回は、①3月17日午前０時05分31秒から49秒まで、代表電話、②０時05分56秒から０時06分00秒まで、Ｉ.Ｍの携帯電話、③０時06分

04秒から05秒まで、代表電話、④0時06分29秒から49秒まで、施設管理室であった。
(2) 3月17日午前3時02分頃、犯人は、「早来ＢＳセクター1」の捕捉範囲において、被害者の携帯電話から、合計3回、Ｉ.Ｍの携帯電話、施設管理室に対して、発信し、いずれも通話状態に至る前に切った。
　合計3回は、⑤3月17日午前3時02分09秒から15秒まで、Ｉ.Ｍの携帯電話、⑥3時02分19秒から25秒まで、施設管理室、⑦3時02分38秒から55秒まで、施設管理室であった。
(3) (1)と(2)の発信について、犯人は、①着信履歴を利用したか、②その他の方法で、代表電話と施設管理室に発信した。
(4) (1)と(2)の発信について、犯人は、①知っていたＩ.Ｍの携帯電話番号を入力したか、②「Ｉ.Ｍ」の名前を入力して、番号を呼び出したか、③その他の方法で、メモリーダイヤルを検索して45件登録されている中から選び、Ｉ.Ｍの携帯電話に発信した。

2　弁護人の主張
(1) 被害者の携帯電話から発信した者について
　82頁の(4)に記載のとおりである。

3　裁判所の判断
(1) 2審判決
　2審判決は、以下のように判示している。
　しかし，犯人は，Ｉ.Ｍの携帯電話にも電話しているところ，
　Ｉ.Ｍの携帯電話番号は，当時被害者の携帯電話の着信履歴には残っておらず，犯人がＩ.Ｍの携帯電話番号を知らなかったとしたら，弁護人らも認めるとおり，メモリダイヤルを利用するしかないが，
　被害者の携帯電話のメモリダイヤルには，Ｉ.Ｍの携帯電話及びＩ.Ｍの自宅の電話番号を含め合計45件の登録がなされていた上，
　被害者の携帯電話のメモリダイヤルは，初期設定値の「名前検索」であり，名前を入力することで電話番号が表示されるのである。

すなわち，犯人は，①Ｉ.Ｍの携帯電話の番号を知っていたか，②わざわざ「Ｉ.Ｍ」の名前を入力して番号を呼び出したか，③その他の方法でメモリダイヤルを検索して，45件登録されている中からＩ.Ｍの電話番号を選んだということになり，
　犯人のＩ.Ｍへの電話が偶然であったとは，およそ考えられず，犯人は，意識してＩ.Ｍの携帯電話に電話をしたということができる。
　このことは，犯人が，Ｉ.Ｍと特別なかかわりや思いのある人物であることを示しており，被告人は，この犯人像に当てはまる。

4　検討(1)

(1)　犯人像

　犯人は，被害者の携帯電話から、Ｉ.Ｍの携帯電話に発信している。
　犯人がＩ.Ｍの携帯電話を選択したのは、①被害者とＩ.Ｍの関係を知っていた場合、②偶然の場合等が考えられる。
　この点、犯人は、被害者の携帯電話から、合計7回、Ｉ.Ｍの携帯電話、Ｋビール㈱千歳工場の代表電話、同工場の施設管理室に対して、発信したが、そのうちの2回が、Ｉ.Ｍの携帯電話であった。
　また、犯人は、①知っていたＩ.Ｍの携帯電話番号を入力したか、②「Ｉ.Ｍ」の名前を入力して、番号を呼び出したか、③その他の方法で、メモリーダイヤルを検索して45件登録されている中から選び、Ｉ.Ｍの携帯電話に発信した。
　さらに、1(1)における、①の発信終了時刻である午前０時05分49秒から、②のＩ.Ｍの携帯電話に対する発信開始時刻である０時05分56秒まで、7秒である。
　すなわち、犯人は、17日午前０時05分49秒から56秒までの<u>わずか7秒の間に</u>、①知っていたＩ.Ｍの携帯電話番号を入力したか、②「Ｉ.Ｍ」の名前を入力して、番号を呼び出したか、③その他の方法で、メモリーダイヤルを検索して45件登録している中から選び、Ｉ.Ｍの携帯電話に発信した。
　以上のことからすると、犯人がＩ.Ｍの携帯電話を選択したのが、②の場合（偶然の場合）とは、考え難い。

①の場合（被害者とＩ.Ｍの関係を知っていた場合）、すなわち、犯人は、被害者とＩ.Ｍの関係を知っていた者である可能性が高いと考えるのが妥当である。

さらに、犯人が、わずか7秒の間に、着信履歴を利用するよりも手間がかかるのにもかかわらず、Ｉ.Ｍの携帯電話に発信していること等を考慮すると、2審判決の判示のとおり、犯人は、自らも、Ｉ.Ｍと特別な関係にあった者である可能性が高いと考えるのが妥当である。

(2) 被告人が犯人であることを推認させる間接事実

被告人は、平成10年9月頃（被告人の供述）又は5月頃（Ｉ.Ｍの供述）から、Ｉ.Ｍと交際していた。

また、被告人は、Ｉ.Ｍと被害者の仲が良い状況を知っていて、Ｉ.Ｍを被害者に奪われた状況にあることを認識していた。

よって、被告人は、被害者とＩ.Ｍの関係を知っていた者であり、さらに、自らも、Ｉ.Ｍと特別な関係にあった者であった。

また、被害者とＩ.Ｍの関係を知っていた者で、さらに、自らも、Ｉ.Ｍと特別な関係にあった者は、被告人以外には考えにくいと思われる。

5 検討(2)

(1) 犯人の行動

また、犯人は、被害者の携帯電話から、合計7回、Ｉ.Ｍの携帯電話、Ｋビール㈱千歳工場の代表電話、同工場の施設管理室に対して、発信したが、これは、①午前0時05分頃と午前3時02頃という深夜の時間帯に、②午前0時05分頃は、1分18秒の間に4回、午前3時02分頃は、46秒の間に3回という、短時間に複数回、電話をかけては短時間で切るというものであった。

(2) 被告人が犯人であることを推認させる間接事実

そして、被告人の被害者に対する無言電話も、①主に夜間から早朝にかけて、②短時間に複数回、電話をかけてはすぐ切るというものであり、類似性を感じさせるといえる。

第4　灯油

1　犯行

126頁の1⑴㈤の事実は、以下のとおりである。

3月16日午後11時頃、犯人は、北海道恵庭市北島39番先市道南8号路上において、被害者の死体に灯油類（灯油又は灯油型航空機燃料）をかけて火を放ち、被害者の死体を焼損した。

その際、犯人は、車に乗っていて、多量の灯油類を積んでいて、また、点火道具（ライター等）を所持していた。

2　被告人が犯人であることを推認させる間接事実

⑴　事件当時の、灯油10ℓとライター1個の所持

被告人は、事件当時、被告人の車両内に、3月16日午前0時01分頃に購入した赤色ポリタンクに入った10ℓの灯油と、ライター1個を積んでいた。

これは、被告人が、「3月16日午前0時01分頃に購入した灯油は、3月31日頃まで、後部トランクにそのまま積んでいた」、「ライターは、平成11年秋頃、I.Mが置き忘れたものである」と供述していることから認められる。

⑵　事件前夜の灯油の購入、その灯油の所在不明

被告人は、事件前夜の3月16日午前0時01分頃、セイコーマートふくみや店で、赤色ポリタンクに入った10ℓの灯油を購入した。

そして、この灯油は、被告人は、3月31日頃、捨てたと供述しているが、発見されなかったため、所在は不明である。

⑶　事件後の灯油の再購入

被告人は、4月1日、札幌市と千歳市の間の国道36号線沿いにあるセイコーマートで、赤色ポリタンクに入った10ℓの灯油を購入し直した。

⑷　被告人の車両の助手席床マットから灯油成分

被告人の車両の助手席床マットから、灯油成分が検出された。

⑸　弁護人に対する虚偽の供述

被告人は、4月26日、弁護人に対して、「4月14日に社宅で押収された

灯油は、事件前夜（3月16日午前0時01分頃）に購入したものである」と話した。

　しかし、被告人は、9月26日、伊東秀子弁護士から、「何か隠していることはないか」と言われ、「社宅で押収された灯油は、事件後に購入したものである」と告白した。

3　被告人の供述
100頁の2に記載のとおりである。

4　弁護人の主張
(1)　灯油の購入の合理性
　　69頁の(7)に記載のとおりである。
(2)　被告人の行動・供述内容は、理解できるものであること
　　102頁の4(1)に記載のとおりである。

5　裁判所の判断
(1)　1審判決
　　1審判決は、以下のように判示している。
　しかし，関係各証拠によれば，被害者の焼損時間帯には，被告人車両内に，被告人が3月16日に購入した赤色ポリタンク入り灯油及びライター1個があ（中略）ることなどが，認められる。
　また，被告人が3月16日に購入した赤色ポリタンク入り灯油について，被告人は，「（中略）」旨弁解するが，その一連の経緯を，公判段階まで秘匿するなど，供述の変遷は顕著である上，（中略），しかも，通常は密封状態で販売されている赤色ポリタンク入り灯油が，被告人の弁解するような運転中の振動程度で遺漏するというのは，不可解であることなどからすると，
　これが，被害者の死体の焼損に使用されて，被告人車両の助手席床マットに戻された際に，灯油が付着し（中略）た可能性が高く，被告人の弁解は，到底信用できない。

そうすると，被告人車両に積載されていた灯油及びライターが，被害者の死体の焼損に使用された可能性は高い。

(2) 2審判決

2審判決は，以下のように判示している。

(ア) このように，被告人は，被害者が灯油類によって焼損された当日，その直前に灯油を購入し，その灯油が発見されていないことから，それが被害者の焼損に用いられたのではないかと疑われているところ，

これに対して，被告人は，「（中略）」などと供述する。

しかし，購入したばかりで通常は密閉されているポリタンクの蓋がゆるんでおり，運転中の振動により床にこぼれるということ自体，にわかに信じ難い上，

そのようなポリタンクを，社宅に搬入することなく，そのままその後10日以上にわたり，通勤等のため毎日使用していた自動車内に積んでいたというのも，不自然さを否めない。

また，真実自分が事件に無関係であれば，いかに運転手に上記のように言われたとしても，また，当時，犯人として疑われていたのであればなおさら，その灯油を持っていることこそが，疑いを晴らす一番の方法であったのに，そのことに思い至らず，なぜそれをわざわざ捨てなければならなかったのか，甚だ不可解である。

そして，被告人は，「その翌日には，灯油がないとかえって怪しまれると思った」と言いながら，翌日であれば見つけることも可能で，当時探すことに支障があったとも思われないのに，捨てたポリタンクを探そうともせず，灯油を買い直したというのも，不自然不合理である。

しかも，被告人は，その後，これら一連の行動について，誰にも話さなかったばかりか，4月26日，弁護人に対して，「3月16日に購入した灯油は，購入時のまま全く使用しないで警察に押収された」旨虚偽の供述をし，その後8月か9月ころになってようやく，「3月16日に買った灯油を捨てて，買い直した」旨供述したものである。

この点について，被告人は，「本当のことを話すと，弁護人がいなくなってしまう不安があって，話せなかった」などと述べるが，それが虚

偽であればかえって自分が疑われることは，容易に分かることであり，真実捨てたとすれば，上記のとおり，自ら探すなり，弁護人にその旨言うのが通常と考えられることからすると，甚だ不自然である。

真実は，灯油を買い直しながら，弁護人に対しても，「3月16日の灯油を，そのまま持っていた」旨ことさら虚偽の言動に出ていることは，「3月16日に購入した灯油を捨てた」旨の供述が虚偽であること，そして，真実は，その灯油を被害者の焼損に用いたのではないかとの疑いを強く抱かせるものである。

このように，被告人が，事件の当日で，その直前である3月16日午前零時ころ，灯油を購入し，4月1日ころ，更に灯油を購入したこと，

3月16日購入した灯油は，発見されていないこと，

被告人車両助手席床マットから，灯油の成分が検出されていること，

そして，これに関する被告人の弁解は，不自然不合理である上，弁護人に対しても，「3月16日購入した灯油を，そのまま持っていた」と虚偽の供述をしていたことは，

被告人が，3月16日購入した灯油を用いて，被害者を焼損したことを強く窺わせており，これも，被告人の犯人性を示す間接事実である。

(イ) 加えて，前述したように，被告人は，4月1日ころ，灯油を買い直しており，その灯油は，社宅から押収されているが，押収されたときには9.5リットルしかなかったことが認められる。

被告人は，「買った灯油を車で運ぶ途中，こぼれた」と供述するが，

車の運転中に，ポリタンクから500ミリリットルもの灯油がこぼれ出すことの不自然さに加え，

被告人が，その際の灯油の臭いにも気付いた形跡がないこと，（中略）などを考え併せると，その供述は，信用し難いのであって，

500ミリリットルについて，他に使用され消費されたというような事実も窺われないことに照らすと，それが，被告人によって，被害者の遺品の焼損に使われた可能性が高い。

6 検討(1)

(1) 犯人の犯行時の状況

　1のように、犯人は、事件当時、車に乗っていて、多量の灯油類を積んでいて、また、点火道具（ライター等）を所持していた。

(2) 被告人が犯人であることを推認させる間接事実

　そして、2(1)のように、被告人は、事件当時、被告人の車両内に、3月16日午前0時01分頃に購入した赤色ポリタンクに入った10ℓの灯油と、ライター1個を積んでいた。

7 検討(2)

(1) 被告人が犯人であることを推認させる間接事実

　2(2)～(5)の事実から、以下の事実が疑われる。

　被告人は、事件前夜（3月16日午前0時01分頃）に購入した10ℓの灯油で、被害者の死体を焼損した。

　そのため、その灯油は、所在が不明である。

　被告人が、灯油が入っていたポリタンクを、被告人の車両の助手席床マットに戻す際に、ポリタンクに付着していた灯油が、助手席床マットに付着した。

　そのため、助手席床マットから、灯油成分が検出された。

　その後、被告人は、事件前夜に購入した灯油が存在しないと、疑われる恐れがあるため、存在すると偽装するために、4月1日、灯油を購入し直した。

　そして、その灯油を社宅に置いていたところ、4月14日、警察に押収された。

　そこで、被告人は、4月26日、弁護人に対して、「社宅で押収された灯油は、事件前夜に購入したものである」と話した。

　しかし、被告人が事件前夜に購入した灯油と、社宅で押収された灯油は、成分が異なっていると判明し、弁護人が知ることとなった。

　そこで、被告人は、9月26日、伊東秀子弁護士から、「何か隠していることはないか」と言われ、やむなく、「社宅で押収された灯油は、事件後に購

入したものである」と告白した。
(2) 被告人の供述について
　これに対して、被告人は、3のように供述している。
㋐　この点、まず、被告人が、「3月31日頃の数日前、職場の運転手から、『警察が、お前の写真を持って、ガソリンスタンドで、お前が灯油を購入しなかったかと聞き込みをしている。お前が犯人だったんだな』と言われ、事件前夜に購入した灯油を持っているのが怖くなり、数日後の3月31日頃、事件前夜に購入した灯油を、ポリタンクごと捨てた」と供述している点を検討する。

　3月20日頃以降、マスコミは、被告人を張り込むようになった。

　また、被告人は、「3月22日、T.M、T.R夫妻から、『マスコミから、被告人が、Ｉ.Mを巡る三角関係から、疑われていると聞いた。マスコミに気を付けるように』と言われて、驚いた」と供述している。

　被告人は、自分に疑いがかけられているのを知り、被害者の死体は焼損されているところ、自分は、事件前夜に、10ℓの灯油を購入したことから、自分がますます疑われる恐れがあると考えたはずである。

　しかし、被告人は、その灯油は、後部トランクに積んでいるから、灯油に関しては疑われることはないと考えたはずである。

　被告人は、自分に疑いがかけられていることを明確に認識した3月22日頃から、灯油を捨てた3月31日頃まで、十分に時間があったのであるから、このことを十分に理解し認識していたはずである。

　にもかかわらず、被告人は、3月31日頃の数日前、職場の運転手から、「警察が、お前の写真を持って、ガソリンスタンドで、お前が灯油を購入しなかったかと聞き込みをしている。お前が犯人だったんだな」と言われ、灯油を持っているのが怖くなり、捨てたというのは、考え難い。

㋑　また、被告人は、「購入した灯油を、車の助手席の下に置いたところ、運転中の振動で、ポリタンクの蓋が緩んで、助手席床マットに少しこぼれた。そこで、助手席床マットから、灯油成分が検出されたのだと思う」、「購入し直した灯油を、車で運ぶ途中、少しこぼれた。そこで、押収された灯油は、9.5ℓだったのだと思う」と供述している。

しかし、購入したばかりで、通常は密閉されている赤色ポリタンクに入った灯油が、1度のみならず2度もこぼれるというのは、およそ考えられない。
(ウ) さらに、被告人の供述には、裁判所の判断のとおり、他にも不自然・不合理な点があることからすると、<u>被告人の供述は、虚偽の供述である可能性が高いと考えるのが妥当である。</u>

(3) まとめ
以上のように、2(2)～(5)の事実、被告人の供述は、不自然・不合理で、虚偽の供述である可能性が高いと考えるのが妥当であることからすると、裁判所の判断のとおり、<u>被告人は、事件前夜（3月16日午前0時01分頃）に購入した10ℓの灯油で、被害者の死体を焼損した可能性が高いと考えるのが妥当である。</u>

第5 被害者の所持品

1 犯人の行動
127頁の1(3)の事実は、以下のとおりである。
4月11日午前11時頃から15日午後4時20分頃までの間、犯人は、「早来町民の森」の作業用道路の路肩上において、被害者の所持品（車の鍵、眼鏡入り眼鏡ケース、財布、ヘアピン、ガラス製の容器に入った香水、電話帳機能付電卓など）に、灯油類（灯油又は灯油型航空機燃料）をかけて火を放ち焼損した。

2 被告人が犯人であることを推認させる間接事実
発見現場から被告人の自宅までの距離は、約3.6kmで、車での所要時間は、約5分であった。
「ドングリの会」は、「早来町民の森」と通称される早来町有林内の生活環境保全林作業小屋（ドングリハウス）を拠点に、自然観察活動を行っている有志の会であるところ、被告人は、「ドングリの会」の発起人の1人で、中心

的な会員であった。

3 弁護人の主張
(1) 被告人による投棄の不合理性
   117頁の6(2)に記載のとおりである。
(2) 投棄した者について
   117頁の6(3)に記載のとおりである。

4 裁判所の判断
(1) 2審判決
   2審判決は、以下のように判示している。
   所論は、被告人が犯人であるとすれば、自宅近くで被害者の遺品を焼いて投棄するのは、かえって自分が犯人であると疑われるだけであるから、そのようなことをするはずはなく、
   犯人こそ、被告人に疑いを向けるために、そのような場所で投棄する理由があるという。
   しかし、捜査が自分の身辺に及んでいることを察知すれば、その具体的な経緯や理由は明らかでないが、手元にある被害者の遺品を早急に処分しようとするのは、むしろ自然であり、当時の状況に照らして、決して不合理な行動ではない。
   しかも、犯人が、被告人に疑いを向けようとすれば、本件場所よりも発見しやすい場所で、それが被害者の遺品と分かるように投棄すると思われるのに、
   実際には、人の立ち入りの少ない山の中で、どんぐりの会の会員によって偶然発見されたものである上、それは灯油によって相当程度に焼損されていたものである。
   被告人は、どんぐりの会の会員であるから、その場所は、同会員が立ち入ることを知っていた可能性があり、そうであれば、そのような場所に被害者の遺品を投棄することは、自分が犯人であると疑われるおそれがあるといえる一方、

犯人が，被告人に疑いを向けようとすれば，投棄した場所が，上記会員が立ち入る場所で容易に発見されることを知っていたこと，そして，発見後，それが本件とかかわりがあり，被害者の遺品と判明することを見込んでいたことになるが，

　そのような事情までを，犯人が知った上で，しかも，それが被告人の仕業であると判明することを見込みつつ，わざわざ灯油で相当程度焼損したというのは，手が込みすぎており，

　犯人が，被告人に疑いを向けようとして，ことさらにした行為とは，想定し難いというべきである。

　（中略）

　このように，被告人宅近くで，しかも土地勘がないと投棄できないような場所で，被害者の遺品が発見され，被告人は，その場所付近について土地勘を有していたこと（中略）からすると，この事実も，被告人の犯人性を示すひとつの間接事実である。

5　検討

(1)　124頁以下で検討したように、1の行為をしたのは、犯人である。よって、犯人が投棄したことを前提として、<u>本件の問題点は、①犯人である被告人が、投棄したのか、②犯人である被告人以外の者が、被告人に罪をきせようとして、投棄したのか、そのいずれであるか</u>ということになる。

　そこで、検討すると、まず、犯人が投棄した場所は、「被告人の自宅近く」の「森の中」であった。

　また、犯人が投棄した方法は、「灯油類をかけて火を放ち焼損」するというものであった。

(2)　そして、<u>犯人である被告人が、投棄する場合</u>、「自宅近く」ではなく、自宅から遠くに投棄すると考えられる。

　但し、犯人である被告人が、仮に「自宅近く」に投棄する場合、「森の中」という分かりにくい場所に、投棄すると考えられる。

　また、「灯油類をかけて火を放ち焼損」するという、被害者の所持品であるかを判別できないようにして、投棄すると考えられる。

そして、被告人は、当時、警察に監視されていて、長時間外出した場合、警察に怪しまれる可能性がある状況にあった。

(3) 他方、<u>犯人である被告人以外の者が、被告人に罪をきせようとして、投棄する場合</u>、「被告人の自宅近く」の「森の中」ではなく、「被告人の自宅近く」のもう少し分かりやすい場所に、投棄すると考えられる。

また、「灯油類をかけて火を放ち焼損」するという、被害者の所持品であるかを判別できないようにするのではなく、そのまま又はもう少し分かりやすい形で、投棄すると考えられる。

そして、被告人以外の者は、当時、警察に監視されているようなことはなく、自由に行動できる状況にあった。

以上のことからすると、2審判決の判示のとおり、<u>犯人である被告人が、投棄した可能性が高いと考えるのが妥当である。</u>

第6 被告人の被害者に対する無言電話等

1 犯行

126頁の1(1)の事実は、以下のとおりである。

平成12年3月16日午後9時30分頃から同日午後11時頃までの間、犯人は、北海道千歳市、恵庭市又はその周辺において、被害者の頸部を圧迫して、被害者を殺害した。

同日午後11時頃、犯人は、北海道恵庭市北島39番先市道南8号路上において、被害者の死体に灯油類（灯油又は灯油型航空機燃料）をかけて火を放ち、被害者の死体を焼損した。

2 被告人が犯人であることを推認させる間接事実

(1) 被告人とI.Mと被害者の関係

被告人は、平成10年9月頃（被告人の供述）又は5月頃（I.Mの供述）から、I.Mと交際していた。

しかし、I.Mは、「平成12年2月27日、被告人に、『結婚する妥協線が

見えない』と言った」と供述している。

　さらに、I.Mは、「平成12年3月12日夜、被告人に、『もう（気持ちが）盛り上がってこない』と言った」と供述している。

　被告人は、I.Mと被害者の仲が良い状況を知っていて、I.Mを被害者に奪われた状況にあることを認識していた。

(2) 被告人の被害者に対する無言電話

　(ｱ)　被告人は、3月12日午前4時51分頃から16日午前7時40分頃まで、被害者に対して、合計230回の無言電話をした。

　(ｲ)　16日午前7時40分頃以降は、無言電話をしなかった。

3　弁護人の主張

(1) 被告人とI.Mの関係について

　43頁の6(1)に記載のとおりである。

(2) 被告人と被害者の関係について

　44頁の6(2)に記載のとおりである。

(3) I.Mと被害者の関係について

　44頁の6(3)に記載のとおりである。

(4) 被告人の被害者殺害を推認することの不合理性

　44頁の6(4)に記載のとおりである。

(5) その他

　48頁の5(3)に記載のとおりである。

4　裁判所の判断

(1) 1審判決

　1審判決は、以下のように判示している。

　これに反して、被告人は、「I.Mとの関係での執着心や、被害者との関係での対抗意識もなかった」旨弁解するが、

　初動捜査段階で、I.Mに絡んでの自分と被害者の立場を秘匿した上、

　S.Yに対し、I.Mからの依頼であるとして、警察での事情聴取の内容に探りを入れ、H.Sに対し、自分とI.Mに関する相談事を口止めするな

ど，捜査妨害とも受け取れる言動を展開し，

被害者に対する電話回数という重大な点で，供述を顕著に変遷させている上，(中略)

その他，被告人の衝撃や落胆を肯定するH．S，I．K（中略）の各供述との矛盾や，客観的な電話発着信記録との齟齬もあり，

嫌がらせ電話回数が，被害者の殺害された日に向かって減少傾向にあったとはいえ，これが被害者の殺害後に突如として皆無に転じたというのは，余りにも偶然過ぎるなど，

全体として詭弁的色彩の強い，不自然かつ不合理なものであって，到底信用できず，一連の被告人による客観的な言動自体からすると，

被告人が，結婚まで意識したI．Mを奪われたとして，被害者に悪感情を抱いたことを合理的に推認できるのであって，これが殺意に発展するということは，十分にあり得る。

(2) 2審判決

2審判決は、以下のように判示している。

このように，被告人は，結婚を意識していたI．Mから，結婚する気はないと告げられた上，その後，I．Mと被害者が会っているらしき場面を目撃して，衝撃を受け，その直後から，被害者に，前後5日間に230回もの無言電話を掛けており，

この事実からすれば，被告人は，結婚を意識していたI．Mと交際するようになった被害者に，悪感情ないしは憎悪の気持ちを抱いていたことは明らかであって，被害者殺害に及ぶ動機がある。

5 検討

(1) 2(1)、(2)(ア)の事実から、裁判所の判断のとおり、<u>被告人が、被害者に対して、悪感情を抱いていたのは明らかであり、被告人には犯行動機があったと考えるのが妥当である。</u>

(2) さらに、2(2)(イ)のように、被告人は、16日午前7時40分頃以降は、無言電話をしなかった。

12日午前4時51分頃から16日午前7時40分頃まで、合計230回もして

いたのに、事件当日の16日午前7時40分以降、突如皆無になるというのは、被告人が犯人ではないとしたら、偶然過ぎるところがあり、この事実も、被告人が犯人であることを推認させる間接事実になると考えるのが妥当である。

第7　被害者のロッカーの鍵

1　犯人の行動

126頁の1⑴、⑵㋕、⑶の事実は、以下のとおりである。
(1)　犯行
　㋐　平成12年3月16日午後9時30分頃から同日午後11時頃までの間、犯人は、北海道千歳市、恵庭市又はその周辺において、被害者の頸部を圧迫して、被害者を殺害した。
　㋑　同日午後11時頃、犯人は、北海道恵庭市北島39番先市道南8号路上において、被害者の死体に灯油類（灯油又は灯油型航空機燃料）をかけて火を放ち、被害者の死体を焼損した。
(2)　被害者の携帯電話
　　3月17日午後0時36分頃から午後3時05分頃までの間、犯人は、Kビール事業所の配車センター2階の女子休憩室に入り、被害者のロッカーを開けて、①被害者の携帯電話を、電源を切って、被害者のロッカー内に戻したか、②既に被害者のロッカー内に戻しておいた被害者の携帯電話の電源を切った。
(3)　被害者の所持品
　　4月11日午前11時頃から15日午後4時20分頃までの間、犯人は、「早来町民の森」の作業用道路の路肩上において、被害者の所持品（車の鍵、眼鏡入り眼鏡ケース、財布、ヘアピン、ガラス製の容器に入った香水、電話帳機能付電卓など）に、灯油類（灯油又は灯油型航空機燃料）をかけて火を放ち焼損した。

2 被告人が犯人であることを推認させる間接事実
　4月14日、警察は、被告人の車両のグローブボックスの中から、被害者のロッカーの鍵を発見した。

3 裁判所の判断
(1)　2審判決
　(ア)　2審判決は、以下のように判示している。
　　　被害者が保管していたはずのロッカーキーが，どのようにして被告人車両のグローブボックス内に存在するようになったか，その経緯は明らかでないが，
　　　それが，被告人車両のグローブボックス内に存在したことは，動かし難い事実であり，
　　　そして，ロッカーキーが，被告人以外の者によって，被告人車両に入れられた可能性も考え難いことからすると，
　　　この事実は，被告人の犯人性を示す有力な間接事実である。
　(イ)　2審判決は、本件間接事実を、被告人の犯人性を示す間接事実として、1番目に挙げており、被告人が犯人であることを強く推認させる事実であると評価している。

4 検討
(1)　被告人の車両のグローブボックスの中から、被害者のロッカーの鍵が発見された事実は、被告人が犯人であることを、どの程度推認させるのかを検討する。
(2)　この点、まず、犯人は、1(1)(ア)、(イ)の行為、すなわち、被害者を殺害し、被害者の死体に灯油類をかけて火を放ち、被害者の死体を焼損した。
　　しかし、被害者のロッカーの鍵は、犯人による犯行の際に、使用されるものではない。
(3)　次に、124頁以下で検討したように、以下のように考えるのが妥当である。
　　被害者は、3月16日午後9時30分頃、被告人と連れ立って退社した際、

ショルダーバッグを持って帰った。

しかし、被害者は、同日午後9時30分頃から同日午後11時頃までの間、犯人による犯行に遭い、被害者のショルダーバッグは、被害者の手を離れ、犯人が、これを取得した。

犯人は、その後（約1か月後）、1(3)の行為をした。

しかし、被害者のロッカーの鍵が、被害者のショルダーバッグに入っていたかは不明である。

(4) また、犯人は、1(2)の行為、すなわち、Kビール事業所の配車センター2階の女子休憩室に入り、被害者のロッカーを開けた。

しかし、女子休憩室内のロッカーは、工場構内課の女性従業員4人（被害者、被告人、S.Y、T.N）は皆、鍵をかけていなかった。

よって、被害者のロッカーの鍵は、犯人が被害者のロッカーを開ける際に、使用されるものではない。

(5) 以上のことからすると、<u>被告人の車両のグローブボックスの中から、被害者のロッカーの鍵が発見された事実は、被告人が犯人であることを、弱く推認させるに過ぎないと考えるのが妥当である。</u>

2審判決の判示は、評価を誤っており、妥当ではない。

第8 被告人は、被害者と最後の接触者であること

1 犯行

126頁の1(1)の事実は、以下のとおりである。

平成12年3月16日午後9時30分頃から同日午後11時頃までの間、犯人は、北海道千歳市、恵庭市又はその周辺において、被害者の頸部を圧迫して、被害者を殺害した。

同日午後11時頃、犯人は、北海道恵庭市北島39番先市道南8号路上において、被害者の死体に灯油類（灯油又は灯油型航空機燃料）をかけて火を放ち、被害者の死体を焼損した。

2　被告人が犯人であることを推認させる間接事実

　3月16日午後9時30分頃、被告人は、被害者と、他の残っている男性従業員に、「お先に失礼します」と挨拶して、連れ立って退社した。

3　裁判所の判断

(1)　2審判決

　2審判決は、「被告人は、3月16日午後9時30分過ぎころ、被害者と二人で職場を退社し、判明している限り、被害者と最後に接触した者であり、被害者は、その後2時間足らずの間に、殺害され死体を焼損されていること」を、被告人の犯人性を示す間接事実として挙げている。

4　検討

　2審判決の判示のとおり、2の事実は、被告人が犯人であることを推認させる間接事実になると考えるのが妥当である。

第9　被告人の車両のタイヤの損傷

1　犯行

　126頁の1(1)(イ)の事実は、以下のとおりである。

　3月16日午後11時頃、犯人は、北海道恵庭市北島39番先市道南8号路上において、被害者の死体に灯油類（灯油又は灯油型航空機燃料）をかけて火を放ち、被害者の死体を焼損した。

　その際、犯人は、車に乗っていて、多量の灯油類を積んでいて、また、点火道具（ライター等）を所持していた。

2　被告人が犯人であることを推認させる間接事実

(1)　被告人の車両の左前輪のタイヤの接地面に、約9cm×約10cmの損傷があったことが、3月20日に確認された。

(2) 損傷の原因〜山崎鑑定

97頁の1(4)に記載のとおりである。

3　弁護人の主張

98頁の(6)に記載のとおりである。

4　裁判所の判断

(1) 1審判決

1審判決は、以下のように判示している。

これが，被害者の死体の焼損に使用されて，被告人車両の助手席床マットに戻された際に，灯油が付着し，かつ，被害者を乗せていた助手席側の左前輪に，灯油燃焼の関係での溶融変質が生じた可能性が高く，被告人の弁解は，到底信用できない。

(2) 2審判決

2審判決は、以下のように判示している。

事件発生後間もない3月20日，被告人車両に装着されていた左前輪タイヤの接地面に，損傷があったことが確認されているが，

原審甲202号証によれば，この損傷は，「物理的な損傷，灯油，硝酸，硫酸等による化学変化や，急ブレーキによるものではなく，摂氏250度から290度の高熱を帯びた物体に，数分以上触れて出来たもの」と推定されている。

この損傷は，自動車の通常の使用の中で，到底できるものではなく，

被告人自身，そのような損傷の生じるような出来事があったことを一切供述していないし，

他人がいたずらをして生成されるような損傷でもなく，

このような損傷ができた原因としては，被害者を焼損した際，被告人車両がその近くにあったことのほかには考えにくく，これもまた，被告人の犯人性を示すひとつの間接事実である。

5　検討

(1) 98頁の(7)に記載のとおり、2審判決後に、弁護人が依頼したことにより、自動車工学の専門家の北海道自動車短期大学教授の林一元は、損傷の原因について、以下のような鑑定をしている。

　舗装道路を左旋回中に急制動をかけたことにより、タイヤがロックされた状態で旋回し、右前方に滑走した結果、生成したものと推定される。

　実験をしたところ、本件のタイヤの損傷とよく似た損傷となった。

(2) また、裁判所の判断が根拠とする、山崎鑑定からすると、被告人の車両のタイヤの損傷は、「摂氏250度から290度の高熱を帯びた物体」に「数分以上触れ」ないと生じないはずである。

　しかし、裁判所の判断は、「摂氏250度から290度の高熱を帯びた物体」を認定せず、何分触れたかも認定せずに、被害者の死体の焼損の際に生成されたものと認定しており、もともと認定に無理があるといえる。

(3) そして、①死体発見現場には、金属板、燃えた木や炭の固まりなどはなく、また、②被告人の車両には、タイヤ以外に、炎によると認められる損傷はなかった。

(4) よって、被告人の車両のタイヤの損傷は、林鑑定による、「舗装路を左旋回中に急制動をかけたことにより、タイヤがロックされた状態で旋回し、右前方に滑走した結果、生成したもの」である可能性が高いと考えるのが妥当である。

　そうすると、<u>被告人の車両のタイヤに損傷があった事実は、被告人が犯人であることを推認させる間接事実にならないと考えるのが妥当である。</u>

第10　検討結果

1　犯人の行動
126頁以下に記載のとおりである。

2　検討結果
(1)　被害者の携帯電話(1)〜被害者の携帯電話を、被害者のロッカー内に戻した者
　(ｱ)　犯人は、127頁の1(2)(ｶ)の行為をしたことから、Ｋビール事業所の従業員と考えるのが妥当であるところ、
　　　被告人は、Ｋビール事業所の従業員であったこと
　　　また、Ｋビール事業所の従業員は、52人（53人から被害者を除く）であったこと、これにより、犯人は、相当絞られること
　(ｲ)　犯人は、127頁の1(2)(ｶ)の行為、すなわち、Ｋビール事業所の配車センター2階の女子休憩室に入り、被害者のロッカーを開けたところ、
　　　被告人は、女子休憩室にあったロッカー4個のうちの1個を使用していた、工場構内課の女性従業員4人（被害者、被告人、Ｓ.Ｙ、Ｔ.Ｎ）のうちの1人であったこと
(2)　被害者の携帯電話(2)〜被害者の携帯電話の所持者としての動き
　(ｱ)　犯人は、126頁の1(1)(ｱ)、(ｲ)、(2)(ｱ)、(ｲ)、(ｶ)の行為をしたところ、犯人と被告人の動きが一致すること
　(ｲ)　犯人は、126頁の1(1)(ｱ)、(ｲ)、(2)(ｱ)、(ｲ)、(ｶ)の行為をしたことから、死体発見現場から犯人の自宅までに、「千歳ＢＳセクター3」の捕捉範囲があり、犯人の自宅は、「早来ＢＳセクター1」の捕捉範囲である可能性が高いと考えるのが妥当であるところ、
　　　死体発見現場から被告人の自宅までに、「千歳ＢＳセクター3」の捕捉範囲があったこと
　　　また、被告人の自宅は、「早来ＢＳセクター1」の捕捉範囲であったこと
　　　さらに、Ｋビール事業所の従業員52人（53人から被害者を除く）のう

ち、早来町近辺の居住者は、被告人のみであったこと
(3) 被害者の携帯電話(3)～被害者の携帯電話から、Ｉ.Ｍの携帯電話に発信した者
　(ア) 犯人は、126頁の１(2)(ア)～(エ)の行為をしたことから、被害者とＩ.Ｍの関係を知っていた者で、さらに、自らも、Ｉ.Ｍと特別な関係にあった者である可能性が高いと考えるのが妥当であるところ、
　　被告人は、被害者とＩ.Ｍの関係を知っていた者で、さらに、自らも、Ｉ.Ｍと特別な関係にあった者であったこと
　　また、被害者とＩ.Ｍの関係を知っていた者で、さらに、自らも、Ｉ.Ｍと特別な関係にあった者は、被告人以外には考えにくいと思われること
　(イ) 犯人は、126頁の１(2)(ア)、(イ)の行為、すなわち、被害者の携帯電話から、発信したが、これは、①深夜の時間帯に、②短時間に複数回、電話をかけては短時間で切るというものであったところ、
　　被告人の被害者に対する無言電話も、①主に夜間から早朝にかけて、②短時間に複数回、電話をかけてはすぐ切るというものであり、類似性を感じさせるといえること
(4) 灯油
　(ア) 犯人は、126頁の１(1)(イ)のように、事件当時、車に乗っていて、多量の灯油類を積んでいて、また、点火道具（ライター等）を所持していたところ、
　　被告人は、事件当時、被告人の車両内に、３月16日午前０時01分頃に購入した赤色ポリタンクに入った10ℓの灯油と、ライター１個を積んでいたこと
　(イ) 犯人は、126頁の１(1)(イ)の行為をしたところ、
　　①被告人は、事前前夜の３月16日午前０時01分頃、赤色ポリタンクに入った10ℓの灯油を購入したこと、②この灯油は、所在が不明であること、③被告人は、４月１日、赤色ポリタンクに入った10ℓの灯油を購入し直したこと、④被告人の車両の助手席床マットから、灯油成分が検出されたこと、⑤被告人は、弁護人に対して、虚偽の供述をしたこと、⑥これらに対する被告人の供述は、不自然・不合理で、虚偽の供述である

可能性が高いと考えるのが妥当であることからすると、

　　被告人は、事件前夜（3月16日午前0時01分頃）に購入した10ℓの灯油で、被害者の死体を焼損した可能性が高いと考えるのが妥当であること
(5)　被害者の所持品

　　犯人は、127頁の1(3)の行為をしたところ、

　　犯人が投棄した場所や方法から、犯人である被告人が、投棄した可能性が高いと考えるのが妥当であること
(6)　被告人の被害者に対する無言電話等
　(ア)　犯人は、126頁の1(1)(ア)、(イ)の行為をしたところ、

　　①被告人は、I.Mと交際していたこと、②被告人は、I.Mと被害者の仲が良い状況を知っていて、I.Mを被害者に奪われた状況にあることを認識していたこと、③被告人は、3月12日午前4時51分頃から16日午前7時40分頃まで、被害者に対して、合計230回の無言電話をしたこと等から、

　　被告人が、被害者に対して、悪感情を抱いていたのは明らかであり、被告人には犯行動機があったと考えるのが妥当であること
　(イ)　被告人は、3月12日午前4時51分頃から16日午前7時40分頃まで、合計230回も無言電話をしたのに、事件当日の16日午前7時40分以降、突如皆無になるというのは、被告人が犯人ではないとしたら、偶然過ぎるところがあること
(7)　被害者のロッカーの鍵

　　被告人の車両のグローブボックスの中から、被害者のロッカーの鍵が発見されたこと
(8)　被告人は、被害者と最後の接触者であること

　　犯人は、126頁の1(1)(ア)、(イ)の行為をしたところ、

　　被告人は、3月16日午後9時30分頃、被害者と、連れ立って退社し、被害者と最後の接触者であったこと
(9)　検討結果

　　以上のことを総合考慮すると、<u>被告人が犯人であることを、強く推認できると考えるのが妥当である。</u>

第3章

被告人が犯人であるとしたら、被告人は、どのように考えて、どのように行動したと考えられるか

第1 犯行前(1)

1 3月12日(日)以前

　被告人は、平成10年9月頃(被告人の供述)又は5月頃(Ⅰ.Mの供述)から、Ⅰ.Mと交際していた。

　しかし、被告人は、平成12年2月27日、Ⅰ.Mから、「結婚する妥協線が見えない」と言われたと考えられる。

　さらに、被告人は、3月12日夜、Ⅰ.Mから、「もう(気持ちが)盛り上がってこない」と言われたと考えられる。

　被告人は、Ⅰ.Mと被害者の仲が良い状況を知っていて、Ⅰ.Mを被害者に奪われた状況にあることを認識していたと考えられる。

　そこで、被告人は、被害者に対して、悪感情を抱くようになり、3月12日午前4時51分頃から16日午前7時40分頃まで、被害者に対して、合計230回の無言電話をしたと考えられる。

2　3月13日(月)頃

(1)　殺害の決意

　　被告人の携帯電話から、被害者の携帯電話にかけた220回の無言電話は、①3月12日、21回、②13日、128回、③14日、54回、④15日、13回、⑤16日、4回であった。

　　13日が、128回と回数がピークであるから、被告人の被害者に対する悪感情もピークに達していたと考えられる。

　　そして、被告人は、被害者に無言電話をしても、I.Mを被害者から取り戻すことができず、取り戻すためには、被害者を殺害する必要があると考えたと考えられる。

　　そこで、<u>被告人は、3月13日頃、I.Mを被害者から取り戻すために、被害者の殺害を決意したと考えられる。</u>

(2)　犯行計画

　　そして、<u>被告人は、3月13日頃から15日頃にかけて、以下のような犯行計画（①〜③）を立てたと考えられる。</u>

①被害者を、被告人の車両内に誘い、同車両内で、後部座席から、助手席に乗っている被害者の首を、タオルで絞めて殺害する。

②被害者の死体を、人気の少ない場所に遺棄する。遺棄する場所は、Kビール事業所から自宅とは反対方向の、恵庭市北島方面にする。

③被害者の身元を分からなくするために、被害者の死体に灯油をかけて焼損する。

3　3月14日(火)、15日(水)

(1)　犯行準備

　　そこで、<u>被告人は、3月14日と15日の勤務後の夜、以下のような犯行準備（①〜④）をしたと考えられる。</u>なお、14日夜は、犯行2日前、15日夜は、犯行前夜である。

①被害者を絞殺するために使用するタオルを準備し、被告人の車両内に置いた。

②恵庭市北島方面にドライブに行って下見をし、被害者の死体を遺棄する場所の目星を付けた。

③犯行前夜の16日午前０時01分頃、セイコーマートふくみや店で、赤色ポリタンクに入った10ℓの灯油を購入した。
　この10ℓの灯油が入った赤色ポリタンクを、被告人の車両の後部トランクに積んだ。
　④被害者の死体を焼損するために使用するライターが、被告人の車両内にあることを確認した。
(2)　被告人の被害者に対する無言電話について
　被告人の携帯電話から、被害者の携帯電話にかけた220回の無言電話は、①３月12日、21回、②13日、128回、③14日、54回、④15日、13回、⑤16日、４回であった。
　13日をピークに、14日、15日、16日と回数は減少傾向にあった。
　これは、被告人の被害者に対する悪感情に基づく行動が、無言電話をすることから、殺害をすることに変わったからであると考えられる。
　それ故、無言電話は、犯行当日の16日午前７時40分頃以降、突如皆無になったと考えられる。
　また、無言電話の回数が減少傾向にあったのは、被告人は、14日と15日の夜、犯行準備に時間をとられ、無言電話をする時間が少なくなったのも原因であると考えられる。

４　３月16日（木）

<u>被告人は、犯行準備が整い、３月16日の勤務後の夜、犯行を遂行しようと考えたと考えられる。</u>
　そこで、被告人は、午後８時頃、被害者に、「私を置いていかないでね」などと言ったと考えられる。
　そして、被告人は、午後９時30分頃、被害者と連れ立って退社した。
　そして、被告人は、被害者と一緒に、２階の女子休憩室に行き、帰り支度をし、一緒に配車センターから出たが、その間に、<u>被告人は、被害者に、「私の車に乗って、ドライブに行こう」などと誘ったと考えられる。</u>
　これに対して、被害者は、職場の同僚で先輩でもある被告人からの誘いでもあり、了承したと考えられる。

第2　犯行前(2)〜被害者の車両

　被害者の車両は、ＪＲ長都駅前の南側の道路上で発見された。この点を、どのように考えるか。

1　弁護人の主張
(1)　被害者の車両が、ＪＲ長都駅前の南側の道路上に放置されていたことについて
　　66頁の(2)に記載のとおりである。

2　裁判所の判断
(1)　2審判決
　　2審判決は、以下のように判示している。
　　被害者車両は，長都駅南側路上に放置されていたが，
　　所論は，被告人が犯人であるとすれば，殺害の実行前に，人目の多い長都駅にわざわざ被害者を誘っていくことは考えられないし，(中略)，被害者車両が長都駅に放置されていたことは，被告人による犯行が不可能であることを示しているという。
　　しかしながら，殺害の実行前に，人目の多い場所にわざわざ被害者を誘っていくことは考えられないとするのは，弁護人の憶測でしかない上，
　　午後9時30分以降の長都駅駐車場周辺が，それ程人目があるとも思われない。
　　被害者車両が放置されていた道路上には，他にも数台の駐車車両があるような場所であって，同所に駐車すること自体，ごく自然なことである。
　　被害者車両の助手席上には，空になった弁当箱の入った布織りバッグと，汚れたブラウス2着が入ったビニール袋が置かれていたことや，被害者車両は施錠されていたことなどからすると，
　　退社した被害者は，一旦，弁当の空箱や洗濯用のブラウスを持って，自己の車両内に入ったと認められ，
　　被害者は，被告人と何らかの約束をしていたか，被告人に言われて，自

分の車両を運転して長都駅へ向かい，同駅南側駐車場近くに自車を駐車した後，一緒に長都駅まで来た被告人車両に乗車したというのは，十分想定できる事柄であって，

少なくとも，Ｉ.Ｍと交際を始めたばかりの被害者が，夜間に自分の車両を放置して，男性の車に乗り込んだとか，帰宅途中に何らかの方法で停止させられて，車内から引きずり出されて，そのまま犯人の車に乗り込まされたなどということよりも，現実的可能性の高いことである。

3 検討

(1) 被害者の車両の助手席には，発見されたとき，空になった弁当箱の入ったバッグと，汚れたブラウス２着が入ったビニール袋が置かれていた。

これらは，特に女性であれば，自分の車の中に何日も放置するものではなく，その日のうちに対処するのが通常である。

よって，被害者は，退社した際に，以下の物（①〜③）を持っていたと考えられる。

① 通勤時に持ち歩いていた，ショルダーバッグ（携帯電話，財布，車の鍵，眼鏡入り眼鏡ケース，ヘアピン，ガラス製の容器に入った香水，電話帳機能付電卓などが入っていた）
② バッグ（空になった弁当箱が入っていた）
③ ビニール袋（汚れたブラウス２着が入っていた）

そして，被告人は，被害者に，「私の車に乗って，ドライブに行こう」などと誘ったと考えられ，被害者は，了承したと考えられるが，被害者が，被告人の車に乗って，ドライブにいくにあたり，②と③は邪魔になるものである。

そこで，被害者は，被告人に，<u>「バッグとビニール袋を，いったん私の車に置いてきます」などと言ったと考えられる。</u>

そして，<u>被告人と被害者は，「じゃあ，長都駅の南側駐車場近くの道路上で，待ち合わせしよう」などと約束したと考えられる。</u>

この点，配車センターから，被害者車両の発見現場（ＪＲ長都駅前の南側の道路上）までの距離は，約700ｍで，車での所要時間は，約２分と，すぐ近くの距離であった。

よって、それぞれが、配車センターで駐車している場所に行って、自分の車を出発させて、そこで待ち合わせをしようと約束することは、話の流れとしてはおかしくはないと考えられる。

　また、駅の北側と南側にある無料駐車場ではなく、南側駐車場近くの道路上で待ち合わせをした点については、まず、南側である点は、配車センターから近いからであると考えられる。

　次に、駐車場ではなく道路上である点は、被害者が、被害者車両から被告人車両に乗り換えて、スムーズにドライブに行きやすいからであると考えられる。

(2)　そして、被告人と被害者は、それぞれが配車センターで駐車している場所に行って、自分の車を出発させて、ＪＲ長都駅前の南側の道路上まで行ったと考えられる。

　そして被害者は、②バッグと③ビニール袋は、助手席に置いたまま、自分の車を施錠し、①ショルダーバッグ（携帯電話、財布、車の鍵、眼鏡入り眼鏡ケース、ヘアピン、ガラス製の容器に入った香水、電話帳機能付電卓などが入っていた）を持って、被告人の車両に乗ったと考えられる。

　これにより、①被害者の車両は、ＪＲ長都駅前の南側の道路上で発見され、また、②被害者の車両の助手席には、発見されたとき、バッグ（空になった弁当箱が入っていた）と、ビニール袋（汚れたブラウス２着が入っていた）が置かれていて、また、③被害者の車両は、発見されたとき、全施錠かつ全閉の状態であったと考えられる。

第３　殺害(1)

　被告人が犯人であるとしたら、その後、被告人は、被害者を殺害した。

１　検察官の主張

(1)　殺害態様、殺害の実行可能性について
　　64頁の１(3)に記載のとおりである。

2 弁護人の主張
(1) 後部座席への移動の困難性
　　67頁の(4)に記載のとおりである。
(2) 殺害の不可能性
　　67頁の(5)に記載のとおりである。
(3) 被告人自身の痕跡の不存在
　　70頁の(9)(ウ)に記載のとおりである。

3 裁判所の判断
(1) １審判決
　　１審判決は、以下のように判示している。
　関係各証拠によれば、被告人は、平成11年5月当時の身長が148.2センチメートル、平成12年4月26日当時の体重が48キログラムであり、
　被害者の殺害直後に、何らかの外傷を負っていた様子も見受けられず、
　他方、被害者は、平成11年5月当時の身長が162センチメートル、平成11年12月当時の体重が約51キログラムであったことが認められ、
　また、A.Kは、公判段階で、「握力は、被告人が十数キログラム、被害者が45キログラム位である」旨供述し、
　被告人も、公判段階で、「自分は握力が20キログラム位である」旨供述していたことからすると、
　被害者は、被告人よりも、体格的に、身長で約14センチメートル、体重で約3キログラム上回り、腕力的にも強かったことが窺われる。
　しかし、被害者を車両助手席に乗せて、何らかの方便で油断させながら、後部座席に移動して、
　不意に背後から頸部を圧迫する物を施し、被害者が頸部を圧迫する物のみに手をかけて振り解くことに集中した場合を含めて、殺害方法や被害者の抵抗方法の如何によっては、
　非力な犯人が、体力差を克服して自分に無傷で、被害者を殺害することは、十分に可能である。

(2) 2審判決

2審判決は、以下のように判示している。

(ｱ) 所論は、①被告人の握力は、平均的な女性より弱いこと、②被告人と被害者の体力及び体格の差等からして、被告人が被害者を殺害することは不可能であるという。

犯人が被害者を殺害した方法は、全く不明であるが、

寺沢浩一医師作成の鑑定書によれば、死因は、「頸部圧迫による窒息死」とされており、

上野正彦証人も、それを否定するものではなく、むしろ、同証人は、「上肢の肘関節を使って、首を絞めた可能性がある」旨述べていることからすれば、死因は、「頸部圧迫による窒息死」である可能性が高いことを肯定しているものである。

ところで、被害者役を男性警察官、犯人役を女性警察官として、被告人車両と同種の自動車の助手席に乗っている男性警察官の首を、後部座席に乗っている女性警察官が、フェイスタオルで圧迫したときの実験結果が、原審甲254号証及び255号証で報告されているが、

それによれば、①「ヘッドレストを挟んだ状態で、絞頸した場合、甲状軟骨上を圧迫されることから、呼吸は不可能である。しかし、頸部よりヘッドレストの幅の方が広いため、両の頸動脈の圧迫が少なく、顔面のうっ血は軽度であり、瞬時に気絶する感覚はない」、「(ヘッドレストを挟んだ状態の場合)後頸部付近に隙間が生じるため、タオルを掴んで前方に引き出すことが可能であり、本職とＡ婦警の力量の差では、絞殺から回避できた」、

②ヘッドレストを挟まない状態で、被害者の後方から頸部にタオルを巻き付けて絞頸した場合、「甲状軟骨及び両の頸動脈が一気に締め付けられ、いわゆる柔道の絞め技の如く、顔面がうっ血し、瞬時に気絶する状態となった」、「Ａ婦警が後方に体重をかけただけで、瞬時に頸部が締め付けられ、この状態から回避することは困難であると判断した」、「Ａ婦警の体位が、後傾から更に左側に移動しただけで、益々頸部が締め付けられ、力量の差が十分にあっても、侵害回避は困難であった」と、頸

動脈,すなわち側頸部に力が加わったことから,侵害の回避が不可能であったとしているのであり,

上野証人も,「U字型で後ろに引っ張るだけでは,柔道でいう落ちるような状態にはなりにくいが,交差させれば,落ちる可能性もある」と証言しており,

原判決が判断するとおり,「殺害方法や被害者の抵抗方法の如何によっては,非力な犯人が,体力差を克服して自分に無傷で,被害者を殺害することは,十分に可能である」といえ,被告人と被害者との体格差等から,被告人が被害者を殺害することが不可能であるとはいえない。

(イ) 所論は,①被告人が後部座席に移ることは,困難であるとか,②被告人が後部座席に移ろうとしたとき,被害者が逃げることは可能であるというが,

職場の同僚である被告人と被害者の関係からすれば,被告人が後部座席に移り,そのことに被害者が不信を抱かなかったとしても,格別不自然ではない。

(ウ) また,所論は,上野証人が,「上肢の肘関節を使って,首を絞めた可能性がある」としていることから,そのような方法により,被告人が被害者を殺害することは不可能であるかのように主張しているが,

上野証人は,「タオルやマフラー様のもので,被害者が首を絞められた可能性がある」ことも肯定しているのであって,所論は,前提自体を欠くものである。

4 検討

(1) 確かに、被害者が、不意に首にタオルをかけられた場合、それまで自分が殺害されるとは夢にも思っていなかったと思われることから、抵抗することが遅れる可能性がある。

そのような場合、被告人が、被害者を殺害することが不可能であるとはいえず、可能であると考えるのが妥当である。

しかし、弁護人の主張のように、被害者の後ろから、不意に被害者の首にタオルをかけても、U字型になり、X状に交差させるには、①1度手を

離してタオルを持ち直すか、②腕を交差することになる。

そして、前者の場合のように、被害者の後ろから、不意に被害者の首にタオルをかけ、さらに、X状に交差させるために、1度手を離してタオルを持ち直そうとした場合、被害者は、首にタオルをかけられた時点で、激しく抵抗するのが通常であるから、被害者と被告人の体格や体力の差から、被告人が、1度手を離してタオルを持ち直すことは、著しく困難であると思われる。

また、後者の場合のように、被害者の後ろから、不意に被害者の首にタオルをかけ、さらに、腕を交差させX状に交差させても、力が入らないから、被告人の体格や体力では、被害者を絞殺することは、著しく困難であると思われる。

よって、<u>被告人が、後部座席から、助手席に座っている被害者に対して、不意に首にタオルをかけ、ヘッドレストを挟まない状態で、首にタオルをX状に交差させて絞頸し、被害者を殺害することは、可能ではあるが、著しく困難であると考えるのが妥当である。</u>

(2) そして、この場合、被害者を殺害することは、可能ではあるから、成功する場合はあるものの、著しく困難であるから、失敗する可能性が高いと考えるのが妥当である。

そして、失敗した場合、被告人は、間違いなく、逮捕されることになると考えられる。

そうすると、<u>被告人が犯人であるとしたら、被告人が、このような失敗する可能性が高く、失敗した場合、間違いなく逮捕されることになる方法で、被害者を殺害しようとしたとは、考えにくいと考えるのが妥当である。</u>

<u>被告人が犯人であるとしたら、被告人は、①成功する可能性が高い方法や、②仮に失敗した場合でも、自分が逮捕されることにならない方法で、被害者を殺害しようとした可能性が高いと考えるのが妥当である。</u>

(3) このように、本件は、被告人が、被害者を殺害することが可能であれば、それで解決する問題ではない。

<u>裁判所の判断は、本件の問題点を十分に把握できておらず、妥当ではない。</u>

裁判所の判断は、殺害態様や殺害実行可能性について、合理的に説明できていない。

　本件は殺人事件であるから、殺害態様や殺害実行可能性は、最も重要な事実であると言っても過言ではない。

　にもかかわらず、裁判所の判断は、この点を合理的に説明できていない。この点が、被告人犯人説の最大の弱点の１つであり、被告人冤罪説の最大の根拠の１つである。

(4)　では、被告人が犯人であるとしたら、被告人は、どのように被害者を殺害したと考えられるか。

　この点、死体は、タオル様の布で目隠しされていて、タオル様の布は、鉢巻状態で一周して、後頭部付近でしっかりと結ばれていた事実に着目したい。

(ア)　弁護人は、この事実について、以下のような主張をしている。

　　死体に目隠しすることは無意味であるから、生前に目隠しをされたと考えられる。

　　そうすると、被告人が、単独で被害者を制圧してなすことは不可能で、複数の男性が、被害者を制圧してなしたと考えられる。

(イ)　検察官は、この事実について、以下のような主張をしている。

　　弁護人は、死体に目隠しすることは無意味であるから、生前に目隠しをされたと考えられると主張している。

　　しかし、①生前に目隠しをされて殺害されたかのように偽装するために、死体にタオルで目隠しした場合や、②殺害した被害者の目が開いたままとなっていて、その目を見るに耐えかねて、死体にタオルで目隠しした場合が考えられる。

(ウ)　裁判所の判断（１審判決、２審判決）は、この事実について、判示していない。

(エ)　可能性としては、タオルでの目隠しがなされた場合として、以下の場合（①〜③）がある。

①被害者の生前に、被害者の意思に反してなされた場合

②被害者の生前に、被害者の意思に基づきなされた場合

③被害者の死後に、なされた場合

弁護人の主張は、①の場合であり、検察官の主張は、③の場合である。
　そして、確かに、死体にタオルで目隠しすることは無意味であるから、タオルでの目隠しは、被害者の生前になされた可能性が考えられ、また、被害者は殺害されていることから、弁護人の主張のように、①の場合は考えやすい。
　本件事実は、被告人冤罪説の根拠とされている。
　また、検察官の主張のように、③の場合も考えられる。
　しかし、最も着目されていない②の場合を利用して、被告人が犯人であるとしたら、被告人は、被害者を殺害したと考える。

(5)(ア)　すなわち、被告人は、まず、おそらく死体発見現場まで行く途中、どこかに車を停めたと考えられる。
　そして、被告人は、被害者に、何らかの話をして、被害者は、自らタオルで目隠ししたと考えられる。
　例えば、被告人は、被害者に、「見せたいものがあって、びっくりさせたいから、このタオルで目隠しして待っていてくれない」、「手品をしてあげるから、このタオルで目隠しして」などと言ったと考えられる。
　これに対して、被害者は、職場の同僚で先輩でもある被告人から言われたこともあり、了承したと考えられる。
　この点、仮に、著者が被害者と同じ立場に立った場合、頑なに拒否することはせず、戸惑いつつも了承すると思われる。
　そして、被告人は、被害者に、「後部座席に、(見せたいものや手品道具が)あるから、待っていて」などと言って、日産マーチの運転席のドアを開けて、いったん車から降り、運転席の椅子を前に移動して、後部座席に移ったと考えられる。

(イ)　そして、被告人は、準備しておいたタオルを持ち、後部座席から、助手席に座っていて、タオルで目隠ししている被害者に対して、タオルを、ヘッドレストを挟まない状態で、被害者の首にゆっくりとX状に交差させ、素早く1度手を離してタオルを持ち直したと考えられる。
　そして、被告人は、一気に力を入れて、被害者の首を絞めて、被害者を殺害したと考えられる。

(ウ) なお、被告人は、被害者に、何らかの話をして、被害者の同意のもと、被害者をタオルで目隠しした可能性もある。

いずれにしても、タオルでの目隠しは、被害者の意思（同意を含む）に基づきなされたと考えられる。

(6)(ア) この点、上記のように、被告人が犯人であるとしたら、被告人は、①成功する可能性が高い方法や、②仮に失敗した場合でも、自分が逮捕されることにならない方法で、被害者を殺害しようとした可能性が高いと考えるのが妥当である。

(イ) そして、上記のように、タオルをX状に交差させるには、①1度手を離してタオルを持ち直すか、②腕を交差することになる。

そして、前者の場合、被害者の激しい抵抗に遭うのが通常で、1度手を離してタオルを持ち直すことは、著しく困難であると思われる。

また、後者の場合、力が入らず、被害者を絞殺することは、著しく困難であると思われる。

しかし、上記のような方法であれば、被害者は、タオルで目隠ししているから、首にタオルをかけられても、気付かず、また、気付いたとしても判断がかなり遅れることになる。

よって、被告人は、被害者の激しい抵抗に遭うことなく、1度手を離してタオルを持ち直すことができる可能性が高く、被害者を絞殺することができる可能性が高い。

(ウ) また、被害者が、普通に助手席に座る場合、ヘッドレストに頭をもたれかけることが多いため、ヘッドレストと被害者の首の間の隙間が狭くなりやすくなることから、ヘッドレストが邪魔になり、タオルをX状に交差させにくい。

しかし、被害者が、被告人から何らかの話をされて、自らタオルで目隠しして、タオルを後頭部付近でしっかりと結んだ場合、背筋を伸ばすことが多いと思われ、それにより、ヘッドレストと被害者の首の間の隙間が広くなりやすくなることから、被害者の首にタオルをX状に交差させやすくなる。

(エ) また、上野正彦は、「被害者は、タオルで首を絞められた場合、苦しい

からこれを取り除いて少しでも呼吸ができるように、タオルの下に自分の指を入れようとし、自分の指やつめで、自分の首をひっかいてしまい、被害者の首に、防御創として表皮剥脱や皮下出血などが形成されることが多い。しかし、寺沢鑑定書には、この点についての記載がない」と供述している。

しかし、被害者は、一気に殺害され、タオルの下に自分の指を入れる間もなかったと考えることができる。

(オ) そして、被告人が、被害者に、何らかの話をしたが、被害者に、タオルで目隠しをすることを拒否された場合、つまり、仮に失敗した場合でも、被告人は、その後何もしなければ（殺害行為に及ばなければ）、自分が逮捕されるような事態にはならない。

(カ) 以上より、被告人が犯人であるとしたら、被告人は、上記のような方法で、被害者を殺害したと考えられる。

そして、これにより、①死体は、タオル様の布で目隠しされていて、タオル様の布は、鉢巻状態で一周して、後頭部付近でしっかりと結ばれていて、また、②被告人が事件翌日に出社した際、被告人は、平常通りで、外傷を負っていた様子はなかったと考えられる。

第4　殺害(2)～被告人の車両

1　弁護人の主張

(1)　被告人の車両の痕跡の不存在

70頁の(9)(ア)に記載のとおりである。

2　裁判所の判断

(1)　1審判決

1審判決は、以下のように判示している。

そして，関係各証拠によれば，頸部圧迫による窒息死の場合には，その尿や糞便等が漏れたり，外耳口や鼻口から出血したりすることも多いが，

そのような痕跡が，被告人車両内から検出された形跡はなく，
　他方，被告人が，3月16日午後11時36分ころに，ガソリンキング恵庭店で，被告人車両に給油したことも明白である。
　しかし，個人差や，糞尿血の体内保有量等の如何では，窒息死に際して必然的に顕著な失禁や出血を伴うとも限らない上，
　これが着衣等に吸収され，外部に痕跡が残らない程度であるとか，
　殺害から間髪を入れずに死体を車両外に下ろすことで，車両内に痕跡が残らないことも十分にあり得るのであるから，
　そのような痕跡のない被告人車両内で，被害者が殺害されなかったとはいえない。
　なお，(中略)，犯人と被告人とを結び付ける指掌紋が検出されなかった点については，犯跡隠蔽のための払拭，指掌紋の検出不能又は指掌紋の対照不能ということで，(中略)合理的に説明可能である。

(2) 2審判決

　2審判決は，以下のように判示している。
　所論は，被告人車両内が被害者殺害現場であれば，当然に被害者の血痕や尿斑，指紋等の痕跡がなければならないのに，被告人車両内にこのような痕跡は一切ないから，被告人が犯人でないことは明らかであるという。
　確かに，上野証人は，「頸部を圧迫された場合，舌を噛んで出血したり，鼻血を出し，尿を漏らし，髪の毛も落ちるなどするのに，何ら痕跡がない被告人車両は，犯行現場と考えにくい」などと証言しているが，
　他方で，同人は，「頸部を圧迫されると，舌を傷つけて出血する場合もあるが，出血しない場合もある」，「車両を犯行現場とした場合でも，毛髪や血痕が付着しない場合もある」，被害者が被害当時生理中であったことは，被害者の母親の供述により認められるところ，「被害者が生理中であれば，生理用品の使用により，尿斑が出ない可能性がある」，「犯行から日数が経過すれば，犯人がそれを取り除くような隠滅的な行為をする可能性が多々ある」ことをも証言しているのであって，
　被告人車両に，血痕や尿斑等の痕跡がないことから，直ちに被告人の犯人性が否定されるものではない。

また，被告人車両内を検証し指紋等を採取したのは，本件犯行から約1か月近く経過した4月14日のことであって，その間，被告人が車両内を清掃することは，極めて容易なことであるし，
　そもそも，被告人車両内からは，被告人自身の指紋さえも検出されておらず，
　被害者の指紋が検出されないことも，何ら不自然ではない。

3　検討
(1)　被害者の小便や大便の失禁について
　被告人は、3月16日午後9時30分頃、被害者と連れ立って退社した。
　そして、被告人は、被害者と一緒に、2階の女子休憩室に行き、帰り支度をし、一緒に配車センターから出たが、その間に、被告人は、被害者に、「私の車に乗って、ドライブに行こう」などと誘ったと考えられる。
　これに対して、被害者は、職場の同僚で先輩でもある被告人からの誘いでもあり、了承したと考えられる。
　そして、被害者は、被告人の車に乗ってドライブに行くと、トイレに行きにくくなることから、今のうちにトイレに行っておこうと思い、トイレに行ったと考えられる。
　そして、被害者は、同日午後9時30分頃から午後11時頃までの間、頸部を圧迫されて殺害されたが、そのとき、体内の小便や大便の保有量は、ほとんどなかったか、少なかったと考えられ、小便や大便の失禁があったとしても、少量で、衣服に吸収され、また、被害者は、当時、生理中であったことから、生理用品を使用していて、これに吸収されやすかったという事情もあったと考えられる。
　これにより、被告人の車両から、被害者の糞尿は、発見されなかったと考えられる。
(2)　被害者の出血について
　被害者は、タオルで首を絞められて殺害されたと考えられる。
　そして、そもそも、被害者が舌を噛んで出血したり、鼻や耳から出血したりしなかった可能性もあるし、また、出血したとしても、少量であるこ

とが多いと思われ、衣服やタオルに吸収されたと考えられる。
　これにより、被告人の車両から、被害者の血痕は、発見されなかったと考えられる。
(3)　被害者の髪の毛について
　被害者は、タオルで首を絞められて殺害されたと考えられる。
　また、被害者の死体は、タオル様の布で目隠しされていた。
　そして、タオル様の布は、鉢巻状態で一周して、後頭部付近でしっかりと結ばれていたから、髪の毛が落ちにくかったという事情があり、また、髪の毛が落ちたとしても、衣服や２本のタオルに付着したと考えられる。
　これにより、被告人の車両から、被害者の毛は、発見されなかったと考えられる。

第5　被害者の死体の焼損(1)

1　被害者の死体を、死体発見現場まで運ぶ

　被告人が犯人であるとしたら、その後、被告人は、被害者の死体を、死体発見現場まで運んだ。
　162頁の2(2)に記載したように、被告人は、以下のような犯行計画を立てたと考えられる。
- 被害者の死体を、人気の少ない場所に遺棄する。
- 遺棄する場所は、Ｋビール事業所から自宅とは反対方向の、恵庭市北島方面にする。

　そして、162頁の3(1)に記載したように、被告人は、以下のような犯行準備をしたと考えられる。
- 恵庭市北島方面にドライブに行って下見をし、被害者の死体を遺棄する場所の目星を付けた。

　そして、死体発見現場は、交通量が少なく、夜は街灯もなく真っ暗な場所であったことから、被告人は、被害者の死体を、そこまで運んだと考えられる。
　この点、被告人は、林の中等、もっと人気の少ない場所に遺棄することを

考えた可能性がある。

　しかし、被告人は、土地勘のない場所で、そこまで下見をしておらず、死体発見現場ですら、夜は街灯もなく真っ暗な場所であったことから断念し、また、死体が早いうちに発見されても、死体に灯油をかけて焼損すれば、被害者の身元が分からなくなるので問題ないと考えたと考えられる。

2　被害者の死体を、車から引きずり下ろし、引きずる

(1)　そして、死体発見現場の農道は、北西方向と南東方向を結ぶ道路であるところ、被告人は、北西方向から南東方向に進み、停車したと考えられる。

　そして、被告人は、運転席を出て、助手席に回り、助手席のドアを開けて、助手席の被害者の死体の両脇の下を持ち、仰向けのまま引きずり下ろしたと考えられる。

　そして、被告人は、被害者の死体の両脇の下を持ち、車とほぼ平行な状態になるように、仰向けのまま雪の上を引きずったと考えられる。

　これにより、死体は、農道の東側にあり、農道とほぼ平行な状態で、また、仰向け状態で、また、頭部は、北西方向にあったと考えられる。

(2)　また、被告人が、被害者の死体を車から引きずり下ろし、引きずった際、死体の短靴が脱げたと考えられる。

　これにより、死体の左足下の地面に、右足用短靴があり、左足先から約35cm離れた場所に、左足用短靴があったと考えられる。

(3)　また、被告人が、被害者の死体の両脇の下を持って、仰向けのまま引きずった際、死体の右腕が、肘部で屈曲し、背中の下に位置したと考えられる。

　これにより、死体の右腕は、肘部で屈曲し、右手部は、背部下にあったと考えられる。

(4)　また、162頁の2(2)に記載したように、被告人は、以下のような犯行計画を立てたと考えられる。

- 被害者の身元を分からなくするために、被害者の死体に灯油をかけて焼損する。

　そこで、被告人は、死体の胴体にしっかり灯油をかけて、死体を十分に

焼損するために、死体の両足を開いたと考えられる。
　これにより、死体の両足は、股関節から大きく開脚していたと考えられる。

3　被害者の死体に、灯油をかけて、火をつける

　162頁の2(2)に記載したように、被告人は、以下のような犯行計画を立てたと考えられる。
- 被害者の身元を分からなくするために、被害者の死体に灯油をかけて焼損する。

　そして、162頁の3(1)に記載したように、被告人は、以下のような犯行準備をしたと考えられる。
- 犯行前夜の16日午前0時01分頃、セイコーマートふくみや店で、赤色ポリタンクに入った10ℓの灯油を購入した。
- この10ℓの灯油が入った赤色ポリタンクを、被告人の車両の後部トランクに積んだ。
- 被害者の死体を焼損するために使用するライターが、被告人の車両内にあることを確認した。

　そこで、被告人は、車の後部トランクを開けて、準備しておいた10ℓの灯油が入った赤色ポリタンクを取り出し、後部トランクを閉めたと考えられる。
　そして、被告人は、被害者の死体に、10ℓの灯油をかけたと考えられる。
　その際、被告人は、死体の胴体にしっかり灯油をかけたため、死体の頸部や陰部に灯油が多く溜まったと考えられる。
　そして、被告人は、午後11時頃、準備しておいたライターで、火をつけたと考えられる。
　これにより、死体の特に頸部と陰部の炭化がひどかったと考えられる。

4　赤色ポリタンクを車に戻す

　そして、死体発見現場は、夜は街灯もなく真っ暗な場所であったところ、火がものすごく燃え上がり、被告人は、初めての経験で非常に驚いたと考えられる。

また、死体発見現場は、交通量が少ないとはいえ、山の中のように、人が全く来ないような場所ではなく、いつ人が来るとも限らない場所である。
　そして、このとき、被告人の車両は、助手席のドアは開いたままの状態で、後部トランクは閉まっている状態であったと考えられる。
　そこで、被告人は、まず、赤色ポリタンクを車に戻す必要があったところ、後部トランクに戻すよりも、とりあえず助手席床マットに戻す方が早いことから、助手席床マットに戻したと考えられる。
　そして、赤色ポリタンクを助手席床マットに戻した結果、赤色ポリタンクに付着していた灯油が、助手席床マットに付着したと考えられる。
　これにより、被告人の車両の助手席床マットから、灯油成分が検出されたと考えられる。

5　死体発見現場から立ち去る
　そして、被告人は、すぐに死体発見現場から立ち去ったと考えられる。
　そして、被告人は、車のガソリンを給油するために、午後11時30分43秒、ガソリンキング恵庭店に入店した。

第6　被害者の死体の焼損(2)

1　弁護人の主張
(1)　死体発見現場の痕跡の不存在
　　70頁の(9)(イ)に記載のとおりである。

2　裁判所の判断
(1)　1審判決
　　1審判決は、以下のように判示している。
　　なお，死体発見現場付近で，被告人車両のタイヤ痕や，被告人の足跡が発見されなかった点については，
　　被害者の死体発見直後に，車両で臨場した付近住民や消防署員らのタイ

ヤ痕や足跡による消失又は判別不能ということで、（中略）合理的に説明可能である。

(2) 2審判決

2審判決は、以下のように判示している。

所論は、死体焼損現場付近から、被告人車両のタイヤ痕が発見されていないから、被告人は犯人ではないという。

しかし、タイヤ痕の印象可能性も、現場の状況によりさまざまであって、常にタイヤ痕が印象されるとは限らない上、

特に本件では、死体発見者、消防車、消防官等が、死体焼損現場に駆け付けており、仮に犯人の車のタイヤ痕が現場に印象されたとしても、それがそのまま残っていた可能性は低いといえ、

死体焼損現場付近から、被告人車両のタイヤ痕が発見されていないことも、犯人性を否定するような事情ではない。

3 検討

焼死体の発見状況は、18頁の1に記載のとおりであり、千歳警察署が鑑識活動を開始する前に、幼稚園職員の送迎バス、近所の住民の車、消防車と、現場に何台もの車が通り、近所の住民、その親戚の家の主婦、消防署員と、何人もの人が駆けつけたという事情があった。

よって、裁判所の判断のとおり、これらのタイヤ痕や足跡による消失又は判別不能により、被告人の足跡、被告人の車両のタイヤ痕、引きずり痕がなかった考えられる。

第7 被告人の車両のタイヤの損傷

155頁以下で検討したように、被告人の車両のタイヤの損傷は、林鑑定による、「舗装路を左旋回中に急制動をかけたことにより、タイヤがロックされた状態で旋回し、右前方に滑走した結果、生成したもの」である可能性が高いと考えるのが妥当である。

この点、さらに検討すると、被告人は、「タイヤが損傷するような、心当たりはなかった」と供述している。
　しかし、「舗装路を左旋回中に急制動をかけたことにより、タイヤがロックされた状態で旋回し、右前方に滑走した結果、生成したもの」であるとすれば、被告人は、このことを供述すればよいはずであるが、供述していない。
　そうすると、被告人が犯人であるとしたら、被告人は、被害者の死体を死体発見現場まで運ぶ途中か、死体発見現場から立ち去る際に、慌てて運転したため、「舗装路を左旋回中に急制動をかけたことにより、タイヤがロックされた状態で旋回し、右前方に滑走した結果」、車のタイヤが損傷したが、死体運搬又は逃走の際の出来事であったため、供述しなかったと考えられる。

第8　被害者の携帯電話(1)

　被告人が犯人であるとしたら、その後、被告人は、被害者の携帯電話から発信した。

1　犯人の行動
　126頁の1(2)(ア)～(カ)に記載のとおりである。

2　検察官の主張
　81頁の7に記載のとおりである。

3　弁護人の主張
(1)　検察官の主張（被害者の生存偽装工作）の不合理性(1)
　　81頁の8(2)に記載のとおりである。
(2)　検察官の主張（被害者の生存偽装工作）の不合理性(2)
　　82頁の(3)に記載のとおりである。
(3)　被告人による、被害者の携帯電話を、被害者のロッカー内に戻すことの不可能性

83頁の(8)に記載のとおりである。
(4) 被告人による、被害者の携帯電話を、被害者のロッカー内に戻すことの不合理性

84頁の(9)に記載のとおりである。
(5) その他

84頁の(10)に記載のとおりである。

4　裁判所の判断

(1) 1審判決

1審判決は、以下のように判示している。

被害者が殺害されたころに被害者の携帯電話を入手した者は、(中略)、順次位置しながら、被害者の生存偽装工作の一環として、被害者の勤務先や交際相手と知った上で、各電話番号に電話を掛け(中略)たと認められる。

(2) 2審判決

2審判決は、以下のように判示している。

前述したとおり、犯人は、3月17日午後零時36分から、同日午後3時5分ころまでの間に、配車センターの2階女子作業員詰所内更衣室に入っているが、

所論は、被告人は、昼休みの間、被害者のロッカーに触っていないし、午後1時から2時の間に、被告人が2階に上がった事実はなく、午後2時以降は、警察官から事情を聞かれているから、被告人が、上記の時間帯に更衣室に入るのは不可能であるという。

しかし、昼休みの間、被害者のロッカーに触っていない、午後1時から2時の間に、被告人が2階に上がった事実はないというのは、被告人の供述を前提にしているにすぎない。

5　検討(1)

(1)(ア) 犯人は、126頁の1(2)(ア)、(イ)のように、被害者の携帯電話から発信し、その後、127頁の1(2)(カ)のように、被害者の携帯電話を、被害者のロッ

カー内に戻した。

　検察官の主張と1審判決の判示のとおり、<u>犯人の126頁の1(2)(ア)、(イ)、(カ)の行為をした目的は、被害者の生存偽装工作(犯人のアリバイ工作)である可能性が高いと考えるのが妥当である。</u>

　すなわち、犯人は、16日午後9時30分頃から午後11時頃までのアリバイがなく、疑われる恐れがあることから、17日午前0時過ぎと午前3時過ぎにも、被害者が生存していたと偽装することを考えた。

　そこで、犯人は、被害者の生存偽装工作(犯人のアリバイ工作)として、被害者の携帯電話から発信し、発信履歴を残すために、17日午前0時過ぎと午前3時過ぎに、被害者の携帯電話から発信した。

　そして、犯人は、被害者の生存偽装工作(犯人のアリバイ工作)として、被害者の携帯電話から発信し、発信履歴を残したが、被害者の携帯電話を犯人が所持し続けたら、被害者の生存偽装工作(犯人のアリバイ工作)にならない。

　そこで、犯人は、被害者の携帯電話がもとから被害者の手元にあったことを偽装するために、被害者の携帯電話を、被害者のロッカー内に戻した。

(イ)　犯人の126頁の1(2)(ア)、(イ)、(カ)の行為をした目的を、被害者の生存偽装工作(犯人のアリバイ工作)と考える以外に、合理的に説明することは困難であると思われる。

　この点、弁護人は、被害者の生存偽装工作ではないと主張するものの、別の目的を主張していないと思われる。

(2)　しかし、犯人は、127頁の1(2)(オ)のように、発信履歴を削除した。

　弁護人の主張のように、発信履歴を削除したら、生存偽装工作にならない。

　よって、<u>犯人の126頁の1(2)(ア)、(イ)、(オ)、(カ)の行為を、合理的に説明することは困難であると思われる。</u>

　また、弁護人の主張のように、犯人の126頁の1(2)(ア)、(イ)、(オ)、(カ)の行為には、その他にも、不合理な行動がある。

(3)(ア)　しかし、注意すべきなのは、<u>これらは、犯人が合理的な行動をしなかっ</u>

た（不合理な行動をした）ことを意味するということである。

　　被告人犯人説に立っても、被告人冤罪説に立っても、いずれの犯人も、126頁の1⑵㋐～㋔の行為をしたのである。
⑷　犯人が不合理な行動をした場合、被告人犯人説に立つと、犯人である被告人の行動を合理的に説明できない。

　　そうすると、被告人冤罪説は、被告人犯人説に対して、被告人が犯人であるとしたら、被告人がそのような不合理な行動をするはずがないと批判することが可能である。
㋒　しかし、犯人が不合理な行動をした場合、被告人冤罪説に立っても、犯人である被告人以外の者の行動を合理的に説明できない。

　　そうすると、被告人犯人説は、被告人冤罪説に対して、被告人以外の者が犯人であるとしたら、被告人以外の者がそのような不合理な行動をするはずがないと批判することが可能である。
㋓　結局のところ、このような被告人冤罪説から被告人犯人説に対する批判や、被告人犯人説から被告人冤罪説に対する批判は、合理的な批判ではないと考えるのが妥当である。

6　検討⑵

⑴　犯人は、126頁の1⑵㋐、㋑のように、被害者の携帯電話から発信し、その後、127頁の1⑵㋕のように、被害者の携帯電話を、被害者のロッカー内に戻した。

　　しかし、犯人は、127頁の1⑵㋔のように、発信履歴を削除した。

　　では、<u>犯人が、発信履歴を削除したのは、いつか</u>を検討する。
⑵㋐　この点、可能性としては、以下の場合（①、②）がある。

　　①「発信」→「発信履歴を削除」→「被害者のロッカー内に戻す」の場合

　　②「発信」→「被害者のロッカー内に戻す」→「発信履歴を削除」の場合
㋑　まず、①の場合、まず、犯人は、上記のように、被害者の生存偽装工作（犯人のアリバイ工作）として、被害者の携帯電話から発信し、発信履歴を残した可能性が高いと考えるのが妥当である。

　　しかし、その後、犯人は、発信履歴を削除した。

発信履歴を削除したら、生存偽装工作にならないから、被害者のロッカー内に戻す必要もなくなる。
　　　しかし、その後、犯人は、被害者のロッカー内に戻した。
　　　よって、犯人は、不合理な行動をしたことになる。
(ウ)　次に、②の場合、まず、犯人は、上記のように、被害者の生存偽装工作（犯人のアリバイ工作）として、被害者の携帯電話から発信し、発信履歴を残した可能性が高いと考えるのが妥当である。
　　　そして、犯人は、被害者の携帯電話を犯人が所持し続けたら、被害者の生存偽装工作（犯人のアリバイ工作）にならないから、被害者の携帯電話がもとから被害者の手元にあったことを偽装するために、被害者の携帯電話を、被害者のロッカー内に戻した可能性が高いと考えるのが妥当である。
　　　しかし、その後、犯人は、よく考えると、
①被害者が、深夜に、Kビール㈱千歳工場の代表電話、同工場の施設管理室に対して、発信するのは、不自然であると思い直したか、又は、
②被害者が、当時、紛失中であったⅠ.Mの携帯電話に対して、発信するのは、不自然であると思い直したか、又は、
③被害者が、携帯電話を前日にロッカーに忘れて帰ったことになるが、ロッカーに忘れたはずの被害者が、深夜に発信するのはおかしいことに気付いたか、又は、
④その他の理由で、
発信履歴を削除したことが考えられる。
　　　発信履歴を削除したら、生存偽装工作にならないから、被害者のロッカー内に戻したままにする必要もなくなる。
　　　犯人は、被害者の携帯電話を持ち帰ればよかったはずである。
　　　しかし、その後、犯人は、被害者のロッカー内に戻したままにした。
　　　よって、犯人は、不合理な行動をしたことになる。
(エ)　では、<u>犯人がしたのは、</u>
①「発信」→「発信履歴を削除」→「被害者のロッカー内に戻す」の場合
②「発信」→「被害者のロッカー内に戻す」→「発信履歴を削除」の場合

のいずれの場合か。

　いずれの場合も、犯人は、不合理な行動をしたのであるが、より不合理な行動をしたのは、①の場合であると思われる。

　よって、犯人がしたのは、②の場合である可能性が高いと考えるのが妥当である。

第9　被害者の携帯電話(2)

1　被害者の携帯電話からの発信(1)

(1)　被告人は、16日午後11時34分04秒、ガソリンキング恵庭店を出店した。
　被告人が犯人であるとしたら、被告人の車両の助手席の下には、被害者のショルダーバッグ（携帯電話、財布、車の鍵、眼鏡入り眼鏡ケース、ヘアピン、ガラス製の容器に入った香水、電話帳機能付電卓などが入っていた）が、残されていたと考えられる。

　そして、被告人は、このままだと16日午後9時30分頃から午後11時頃までのアリバイがなく、疑われる恐れがあることから、17日午前0時過ぎにも、被害者が生存していたと偽装するために、被害者の生存偽装工作（被告人のアリバイ工作）として、被害者の携帯電話から発信し、発信履歴を残すことを思いついたと考えられる。

　そこで、被告人は、自宅に帰る途中、「千歳ＢＳセクター３」の捕捉範囲に、停車したと考えられる。

　そして、被告人は、自分の携帯電話がＮＴＴドコモであったところ、被害者の携帯電話はセルラーであったことから、被害者の携帯電話の操作方法を確認したと考えられる。

(2)　そして、被告人は、被害者の携帯電話の着信履歴に、Ｋビール㈱千歳工場の代表電話、同工場の施設管理室の電話番号が載っているのを確認し、これらを発信先として選択したと考えられる。

　また、被告人は、被害者とＩ.Ｍの仲が良い状況を知っていたことから、Ｉ.Ｍの携帯電話を発信先として選択したと考えられる。

(3)　そして、被告人は、17日午前0時05分頃から午前0時06分頃まで、被害者の携帯電話から、合計4回、I.Mの携帯電話、Kビール㈱千歳工場の代表電話、同工場の施設管理室に対して、発信したと考えられる。

　被告人は、I.Mの携帯電話に対しては、①知っていたI.Mの携帯電話番号を入力したか、②「I.M」の名前を入力して、番号を呼び出して、発信したと考えられる。

2　帰宅、ローソン早来栄町店で買い物

　そして、被告人は、帰宅したと考えられる。

　そして、被告人は、お腹が空き、喉が渇き、冷蔵庫を開けたところ、刺身があるのを見て、ビールを飲みたくなり、ローソンに買い物に行こうと思ったと考えられる。

　そこで、被告人は、17日午前1時43分頃、自宅前にあるローソン早来栄町店で、①アサヒスーパードライ350mlの缶ビール、②チョコレート菓子のキットカット、③女性雑誌アンアンを購入したと考えられる。

　そして、被告人は、帰宅したと考えられる。

3　被害者の携帯電話からの発信(2)

　そして、被告人は、さらに、このままだと16日午後9時30分頃から午後11時頃までのアリバイがなく、疑われる恐れがあることから、17日午前3時過ぎにも、被害者が生存していたと偽装するために、被害者の生存偽装工作（被告人のアリバイ工作）として、被害者の携帯電話から発信し、発信履歴を残すことを思いついたと考えられる。

　そこで、被告人は、17日午前3時02分頃、「早来BSセクター1」の捕捉範囲である被告人の自宅で、被害者の携帯電話から、合計3回、I.Mの携帯電話、施設管理室に対して、発信したと考えられる。

　そして、被告人は、就寝したと考えられる。

4　出社

　そして、被告人は、被害者の生存偽装工作（犯人のアリバイ工作）として、被害者の携帯電話から発信し、発信履歴を残したが、被害者の携帯電話を被告人が所持し続けたら、被害者の生存偽装工作（犯人のアリバイ工作）にならないから、被害者の携帯電話がもとから被害者の手元にあったことを偽装するために、被害者の携帯電話を、被害者のロッカー内に戻すことを考えたと考えられる。

　そこで、被告人は、被害者の携帯電話を持って、出社のため自宅を出発したと考えられる。

　そして、被告人は、配車センターに到着し、被害者の携帯電話を車内に置いて、17日午前8時20分頃、出社したと考えられる。

5　女子休憩室に入り、被害者のロッカーを開ける

　そして、被告人は、被害者の携帯電話を、被害者のロッカー内に戻す前に、被害者のロッカー内の状況を確認することを考えたと考えられる。

　そこで、被告人は、午前8時30分過ぎ頃、1人で女子休憩室に入り、被害者のロッカーを開けて、被害者のロッカー内を確認したと考えられる。

　被告人が、午前8時30分過ぎ頃、1人で女子休憩室に入り、被害者のロッカーを開けたことは、被告人も認めている。

6　女子休憩室に入る

　そして、被告人は、自分の車内にある被害者の携帯電話を取りに行くために、ジャンパーを取りに、午前9時頃、女子休憩室に入ったと考えられる。

　女子休憩室には、S.Yがいた。

　被告人は、S.Yに、「外に停めてある自分の車に、胃薬を取りに行く」と嘘を言ったと考えられる。

7　女子休憩室に戻り、被害者の携帯電話を、被害者のロッカー内に戻す

　そして、被告人は、自分の車内にある被害者の携帯電話を取りに行き、女子休憩室に戻り、ジャンパーを、自分のロッカー内に戻すとともに、被害者

の携帯電話を、被害者のロッカー内に戻したと考えられる。

8　昼食

そして、被告人は、17日午後0時頃からの昼休みに、午後0時50分頃まで、S.YとT.Nと、女子休憩室で、昼食をとった。

9　女子休憩室に入り、既に被害者のロッカー内に戻しておいた被害者の携帯電話を取り出し、発信履歴を削除し、電源を切って、被害者のロッカー内に戻す

しかし、被告人は、よく考えると、

①被害者が、深夜に、Kビール㈱千歳工場の代表電話、同工場の施設管理室に対して、発信するのは、不自然であると思い直したか、又は、

②被害者が、当時、紛失中であったI.Mの携帯電話に対して、発信するのは、不自然であると思い直したか、又は、

③被害者が、携帯電話を前日にロッカーに忘れて帰ったことになるが、ロッカーに忘れたはずの被害者が、深夜に発信するのはおかしいことに気付いたか、又は、

④その他の理由で、

発信履歴を削除することを考えたと考えられる。

そこで、被告人は、17日午後0時50分頃から午後2時頃までの間、女子休憩室に入り、被害者のロッカーを開けて、既に被害者のロッカー内に戻しておいた被害者の携帯電話を取り出したと考えられる。

そして、被告人は、発信履歴の削除はその場ですぐにはできないことから、受信音が鳴らないように電源を切って、持ち出し、女子休憩室の前にある女子トイレ等に行き、電源を入れて、発信履歴を削除したと考えられる。

そして、被告人は、再度、受信音が鳴らないように電源を切って、そのまま被害者のロッカー内に戻したと考えられる。

その際、被告人は、慌てていたため、ロッカー内の向かって右側のハンガーに掛けられていた、被害者の制服ジャンパーの左胸の外ポケットに、アンテナ部分を下向きで、番号ボタン側を内向きの状態で、つまり、仮に、被害者が

ポケットに入れるとしたら、逆さまの状態で、戻したと考えられる。

これにより、被害者の携帯電話は、発見されたとき、電源が切った状態で、また、仮に、被害者がポケットに入れるとしたら、逆さまの状態だったと考えられる。

第10 被害者の携帯電話(3)

1 弁護人の主張
(1) 「電源断orエリア外」の状態について
82頁の(6)に記載のとおりである。

2 裁判所の判断
(1) 1審判決
　1審判決は、以下のように判示している。
　ところで、前記通話記録上、被害者の携帯電話は、3月17日午前10時13分51秒から同15分15秒までの間の着信の際、電源が入っていないか、電波が届かない状態であり、最長で、同日午前10時6分38秒後から同20分18秒前までの間が、同様の状態にあったことになるが、
　その前後である、同日午前9時29分18秒から同日午前11時52分25秒までの間の着信14回の際、全て電源が入った状態で、配車センターを含む「長都BSセクター1及び2と千歳BSセクター6及び1」の捕捉範囲内に、一貫して位置していたものである上、
　Kビール事業所部外者による犯行不可能性をも併せ考えるとき、
　被害者の携帯電話が、自動車に積載されて移動されるなどして、前記のように一時的にBS圏外に出たとは考えられない。
　また、携帯電話の電源が入っていたとしても、障害物や方角等による電波状態次第で、一時的に通話不能に陥ることは十分にあり得るのであるから、
　前記時間帯に、被害者の携帯電話の電源が切られたとは限らない。

(2) 2審判決

2審判決は、以下のように判示している。

所論は、被害者携帯電話の着信記録によれば、3月17日午前10時13分51秒から15分15秒までの1分24秒の間、「電源断又はエリア外」となっているが、

犯人は、この1分24秒の間、電波の届かない場所を一時的に通過したとみるのが合理的であり、

原判決が、この「電源断又はエリア外」につき、一時的に通話不能に陥ることは十分ありうるとしたのは、証拠に基づかない独断で合理性を欠いた判断だという。

確かに、被害者の携帯電話については、最長で、3月17日午前10時6分38秒から20分18秒までの13分40秒間にわたり、最短で、13分51秒から15分15秒までの1分24秒間にわたり、電源が入っていないか、電波が届かない状態であったと認められる。

それだけをみれば、所論のような推測も成り立ち得ないではないが、

上記のように、犯人は、当時のKビール事業所従業員であることを考え併せると、

その原因のひとつとして、電波状態次第で一時的に通話不能に陥ることも十分ありうるというのも常識的な判断であって、所論のように一義的に解し得るものではなく、

被害者の携帯電話が、一時的に「電波断又はエリア外」の状態になったことをもって、被害者の携帯電話の動きと、被告人の動きとが、一致しないということはできない。

3 検討

裁判所は、「電波状態次第で、一時的に通話不能に陥ることは十分あり得る」と判示している。

この点、著者が、携帯電話会社のホームページを確認したところ、そのようなことがある旨の記載を確認できた。

そこで、一時的に電波状態が悪く、通話不能に陥ったと考えられる。

第11 その後

1 警察による事情聴取(1)

(1) 被告人は、17日午後3時頃から、男子休憩室で、警察官のＳ.Ｙから事情聴取された。

その後、被告人は、午後5時30分頃から午後11時頃まで、千歳警察署で、警察官のＳ.Ｙから事情聴取された。

(2) 被告人は、被害者の交際関係について聞かれた。

被告人が犯人であるとしたら、被告人は、被告人とＩ.Ｍと被害者の関係や、被告人の被害者に対する無言電話の事実を、警察に知られたら、疑われる恐れがあると考えたと考えられる。

そこで、被告人は、「知らない」と嘘を言ったと考えられる。

また、被告人は、自分の交際関係について聞かれ、同様に、「いない」と言ったと考えられる。

また、被告人は、被害者の携帯電話番号を知っているかを聞かれ、同様に、「知らない」と嘘を言ったと考えられる。

(3) また、被告人は、16日の退社後について聞かれた。

被告人は、実際のところ、退社後の午後9時30分頃から午後11時頃まで、被害者を殺害し、死体を焼損し、その後、ガソリンキング恵庭店に行き、帰宅したのであるが、疑われないように、早く帰宅したことにしようと考えたと考えられる。

そこで、被告人は、「被害者と、配車センターの前で別れた。その後、どこにも立ち寄らず、午後10時頃に帰宅した。両親は既に寝ていた」と嘘を言ったと考えられる。

そして、被告人は、警察官から、「他に立ち寄った先はないか」と念を押されたと考えられる。

被告人は、4～5分考えて、前日の15日の夜に、ビブロス恵庭店に行ったことから、同店に行ったことにしようと考えたと考えられる。

そこで、被告人は、「ビブロス恵庭店へ立ち寄った。1か月以上行っていなかったので、行ってみた。午後11時30分頃に帰宅した」と嘘を言ったと

考えられる。

(4) さらに、被告人は、17日の行動について聞かれた。

被告人は、「午前8時30分頃、事務所に入った。その後、午前9時頃、伝票を取りに行くため、配車センターの外に行く必要があったことから、ジャンパーを取りに行くため、女子休憩室に入った」と嘘を言ったと考えられる。

その後、被告人は、警察官から、被害者のロッカーから指紋を採取している話を聞いたと考えられる。

被告人は、実際のところ、被害者のロッカーを何度も開けたので、自分の指紋が採取される可能性が高いと考えたと考えられる。

そこで、被告人は、自分の指紋が採取されてもおかしくないことを伝えるために、「ジャンパーを取りに行ったときに、被害者の制服があるか気になったため、被害者のロッカーを開けた」と嘘を言ったと考えられる。

これに対して、被告人は、警察官から、制服はロッカーに入れて帰るのが普通だと思われ、ロッカーを開けて被害者の制服があるかを確認した理由を聞かれたと考えられる。

これに対して、被告人は、嘘を言ったことから、答えられなかったと考えられる。

2 警察官について

また、被告人は、男子休憩室で事情聴取されているとき、警察官のK.Sから、被害者の携帯電話を示されて、「被害者に電話をしたか」と聞かれたと考えられる。

被告人は、被害者の身元を分からなくするために、被害者の死体に灯油をかけて焼損したのに、これほど早く捜査が自分に及ぶことに、とても驚いたと考えられる。

そこで、被告人は、とても動揺し、手を震わせ、答えられなかったと考えられる。

3　警察による事情聴取(2)

被告人は、18日、警察官から事情聴取された。

被告人は、前日の事情聴取で、16日の退社後に立ち寄った先について、「ビブロス恵庭店へ立ち寄った。1か月以上行っていなかったので、行ってみた。午後11時30分頃に帰宅した」と嘘を言ったと考えられる。

しかし、被告人は、実際のところ、「退社後の午後9時30分頃から午後11時頃まで、被害者を殺害し、死体を焼損し、その後、ガソリンキング恵庭店に行き、帰宅し、その後、ローソンに買い物に行った」ので、ビブロス恵庭店へ立ち寄った後、「ガソリンキング恵庭店に行き、帰宅し、その後、ローソンに買い物に行った」ことは、そのまま話した方が疑われにくいと考えたと考えられる。

そこで、被告人は、16日の退社後に立ち寄った先について、気が動転していて、忘れていたことに気付いたとして、「ビブロス恵庭店へ立ち寄った後、ガソリンキング恵庭店へ立ち寄って給油した。17日午前0時頃に帰宅し、その後、ローソンに買い物に行った」と嘘を話したと考えられる。

4　H.Sに電話

被告人は、被告人とI.Mと被害者の関係を、警察に知られたら、疑われる恐れがあると考えたと考えられる。

そこで、被告人は、18日午後10時30分、H.Sに電話をし、I.Mとの交際について相談したことを、警察に話さないように依頼したと考えられる。

5　S.Yに電話

被告人は、同様に、18日午後11時頃、S.Yに電話をし、I.Mからの依頼であると嘘を言って、S.Yが、I.Mと被告人の関係、I.Mと被害者の関係を、警察に話をしたかを聞いて、探ろうとしたと考えられる。

6　携帯電話の紛失の主張

また、被告人は、被告人の被害者に対する無言電話の事実を、警察に知られたら、疑われる恐れがあると考えたと考えられる。

そこで、被告人は、捜査が自分の携帯電話に及ばないように、20日、自分

の携帯電話が紛失したと嘘の主張をしたと考えられる。

7 その後（被告人の被害者に対する無言電話について）

　被告人は、4月14日以降、警察による取調べを受けた。

　被告人は、同様に、「被害者が死亡する前、被害者の携帯電話の番号を知らなかったし、被害者の携帯電話に電話をかけたこともない」と嘘を話したと考えられる。

　また、被告人は、同様に、弁護人に対しても、「被害者に無言電話をかけたことがない」と嘘を話したと考えられる。

　しかし、被害者の携帯電話の北海道セルラー電話㈱の調査による、被告人の被害者に対する無言電話の事実を、弁護人が知ることとなった。

　そこで、被告人は、9月26日、伊東秀子弁護士から、「何か隠していることはないか」と言われ、やむなく、「無言電話をかけた」と本当のことを告白したと考えられる。

第12 灯油

　被告人が犯人であるとしたら、被告人は、犯行準備として、犯行前夜の3月16日午前0時01分頃、セイコーマートふくみや店で、赤色ポリタンクに入った10ℓの灯油を購入したと考えられる。

　そして、被告人は、16日午後11時頃、被害者の死体に、その10ℓの灯油をかけて、ライターで火をつけて、死体を焼損したと考えられる。

　これにより、その灯油は、所在が不明であると考えられる。

　その後、被告人は、犯行前夜に購入した灯油が存在しないと、疑われる恐れがあると考えたと考えられる。

　そこで、被告人は、犯行前夜に購入した灯油が存在すると偽装するために、4月1日、札幌市と千歳市の間の国道36号線沿いにあるセイコーマートで、赤色ポリタンクに入った10ℓの灯油を購入し直したと考えられる。

　そして、その灯油を社宅に置いていたところ、4月14日、警察に押収され

た。
　そこで、被告人は、4月26日、弁護人に対して、「社宅で押収された灯油は、事件前夜に購入したものである」と嘘を話したと考えられる。
　しかし、被告人が事件前夜に購入した灯油と、社宅で押収された灯油は、成分が異なっていると判明し、弁護人が知ることとなった。
　そこで、被告人は、9月26日、伊東秀子弁護士から、「何か隠していることはないか」と言われ、やむなく、「社宅で押収された灯油は、事件後に購入したものである」と本当のことを告白したと考えられる。

第13　被害者の所持品

　被告人が犯人であるとしたら、被告人は、4月11日午前11時頃から15日午後4時20分頃までの間、「早来町民の森」の作業用道路の路肩上において、被害者の所持品（車の鍵、眼鏡入り眼鏡ケース、財布、ヘアピン、ガラス製の容器に入った香水、電話帳機能付電卓など）に、灯油類（灯油又は灯油型航空機燃料）をかけて火を放ち焼損した。

1　弁護人の主張
(1)　被告人による投棄の不可能性
　　117頁の6(1)に記載のとおりである。

2　裁判所の判断
(1)　1審判決
　　1審判決は、以下のように判示している。
　㈦　そして、T.Mは、早来町民の森の調査に行った4月13日午後5時過ぎの状況について、公判段階で、「遺品残焼物発見現場付近に、物の燃えたような跡はなかった」旨供述するが、
　　捜査段階では、「その付近で下車していないので、たき火の痕跡の有無を確認していない」旨、異なる供述をしていた（中略）ことからすると、

同日は，単に遺品残焼物に気付かなかっただけであると認められる。
　そうすると，被害者の遺品は，降雨終了時である４月11日午前11時ころから，発見時である４月15日午後４時20分ころまでの間に，遺品残焼物発見現場で焼損投棄されたものと推認できる。
(ｲ)　そうすると，警察官の監視が，専ら被告人車両を中心とする間断的なものに過ぎなかったのであるから，
　被告人は，自宅から比較的離れて駐車している被告人車両を使用しないで抜け出した場合は勿論，被告人車両を用いた場合であっても，監視の目を逸れて，生活圏である自宅から僅か約3.6キロメートル先の活動圏内として土地勘もある早来町民の森内の遺品残焼物発見現場までを優に往復し，被害者の遺品を焼損投棄することも可能である。
(2)　２審判決
　２審判決は、以下のように判示している。
(ｱ)　なお，Ｔ．Ｍは，原審公判廷において，「４月13日午後５時過ぎには，発見場所付近に，物の燃えたような跡はなかった」旨供述しているが，
　原判決が述べるとおり，同人は，発見された３日後の４月18日付警察官調書では，「４月13日午後５時ころから午後５時30分までの間，ドングリ山に出掛けたが，このとき十字路で車を降りていないので，付近にたき火の跡があったかどうかは確認していない」旨供述していることに照らすと，
　４月13日には，残焼物があったとしても，それに気付かなかった可能性があ（中略）る。
(ｲ)　所論は，当時，被告人は，マスコミや警察から尾行されており，被害者の遺品を投棄することは不可能であったという。
　確かに，警察官は，①４月11日午後８時ころから翌12日午前７時54分ころまでの間，②同日午後８時20分ころから翌13日午前８時20分ころまでの間及び③同日午後８時35分ころから翌14日午前８時22分ころまでの間，被告人の行動確認をしているが，
　それは，被告人に気付かれないことを第一条件に，一，二時間間隔で，被告人の自宅駐車場に，被告人車両が駐車されているかを見たり，国道

234号線，栄町新栄線，道道千歳・鵡川線を，被告人車両が通過しないかを監視していたもので，常時監視していた訳ではなく，とぎれとぎれに行われていたにすぎず，

　しかも，4月14日午前8時22分以降は，監視をしていないのであるから，

　警察の尾行により，被告人において，被害者の遺品を投棄することが全く不可能であったということはできない。

　また，犯人が被害者の遺品を投棄したと考えられる期間，マスコミが，常時，被告人を尾行していたとの事情も認められない。

3　検討

(1)　被害者のショルダーバッグ

　被告人が犯人であるとしたら、3月16日、被害者の死体の焼損後、被告人の車両の助手席の下には、被害者のショルダーバッグ（携帯電話、財布、車の鍵、眼鏡入り眼鏡ケース、ヘアピン、ガラス製の容器に入った香水、電話帳機能付電卓などが入っていた）が、残されていたと考えられる。

　被告人は、その後、そのショルダーバッグを、隠し持っていたと考えられる。

(2)　4月11日（火）

　被告人は、4月11日午後9時頃、行きつけの「喫茶店とれいる」に行った。その際、車に尾行されていることに気付いた。

　被告人は、同店の店長のT.Mに、「また、いつもの変な車が、自分の車についてきて、この近くに停まっている」と話した。

　T.Mは、午後11時頃、被告人が帰る際、心配だったので、被告人の車に、自分の車で後ろからついていく形で送ったところ、被告人の自宅に着いたら、近くに、先ほどの不審な車が停まっていた。

　その際、T.Mは、不審な車は、警察の車ではないかと察知したと考えられる。

　T.Mは、6月6日、弁護人に対して、「4月11日午後11時頃、不審な車は、警察の車ではないかと察知した」と供述し、これは、弁護人作成の供述

調書に記載されている。
(3) 4月12日(水)
　(ア) 被告人は、4月12日午後8時30分頃、「喫茶店とれいる」に行った。
　　T.Mは、前日、不審な車は、警察の車ではないかと察知したことから、被告人に、そのことを話したと考えられる。
　　そして、被告人は、午後11時頃、自分の車に、T.Mの車が後ろからついてきてもらう形で送られて、帰った。
　(イ) 被告人は、それまで警察に監視されているとは思っていなかったところ、T.Mから話を聞いて、警察に監視されていることを知り、隠し持っていた被害者のショルダーバッグを早急に処分する必要性を感じたと考えられる。
　　そして、被告人は、
①警察に監視されていて、長時間外出した場合、警察に怪しまれる可能性があると思ったこと、
②「早来町民の森」であれば、自宅から約3.6ｋｍ、車で約5分の距離で、土地勘もあり、見つかりにくいと思ったこと、
③ただ、「ドングリの会」の会員に見つかる可能性があると思ったが、灯油をかけて、被害者の所持品であるかを判別できないように焼損すればよいと思ったことから、「早来町民の森」で、被害者の所持品に灯油をかけて焼損することを考えたと考えられる。
　　そこで、被告人は、おそらく午後11時過ぎ頃、再度、車で出かけ、尾行車がないことを確認したと考えられる。
　　そして、被告人は、社宅に行き、4月1日に購入し直した、10ℓの灯油が入った赤色ポリタンクを、車の後部トランクに積んだと考えられる。
　　そして、被告人は、社宅から約3.1ｋｍの距離にある「早来町民の森」に行き、その作業用道路の路肩上に、被害者の所持品（車の鍵、眼鏡入り眼鏡ケース、財布、ヘアピン、ガラス製の容器に入った香水、電話帳機能付電卓など）を置いたと考えられる。
　　この点、被告人は、「ドングリの会」の会員も立ち入らない森の奥の方に置くことを考えた可能性がある。

しかし、被告人は、夜は街灯もなく真っ暗な場所であったことから断念し、また、灯油をかけて、被害者の所持品であるかを判別できないように焼損すれば問題ないと考えたと考えられる。

そして、被告人は、車の後部トランクから、10ℓの灯油が入った赤色ポリタンクを取り出し、被害者の所持品に、そのうちの500mℓの灯油をかけて、ライターで火をつけたと考えられる。

そして、被告人は、社宅に行き、9.5ℓの灯油が入った赤色ポリタンクを戻し、帰宅したと考えられる。

これにより、警察官は、「4月13日の朝、被告人の車が自宅を出発したので、尾行したところ、午前8時20分頃、走行する被告人の車の左側面のドアやフェンダー付近に、前日夜には気付かなかった泥が付着しているのを目撃した」と供述していると考えられる。

また、これにより、社宅で押収された灯油は、9.5ℓであったと考えられる。

なお、警察官は、「4月12日午後10時55分頃以降は、4月13日午前1時、3時、5時、7時、8時に、被告人の車があるかを見に行った。いずれも被告人の車があった」と供述している。

第14　被害者のロッカーの鍵

4月14日、警察は、被告人の車両のグローブボックスの中から、被害者のロッカーの鍵を発見した。この点を、どのように考えるか。

1　検察官の主張
105頁の4に記載のとおりである。

2　弁護人の主張
(1)　検察官の主張の不合理性
106頁の5(2)に記載のとおりである。

(2) 被告人が入れっ放しにすることの不合理性
106頁の5(3)に記載のとおりである。
(3) 警察官が入れた可能性
106頁の5(4)に記載のとおりである。
(4) 犯人である被告人以外の者が入れた可能性
107頁の5(5)に記載のとおりである。

3 裁判所の判断

(1) 1審判決
1審判決は、以下のように判示している。

(ア) そして、捜査官が、前記検証までに既にロッカーキーを入手していて、その発見場所を被告人車両内と捏造するのであれば、
その検証早々に、手中のロッカーキーの所在場所を被告人車両内とする差押令状を請求すれば足り、ロッカーキーを検証現場から配車センターに持参してあれこれと照合に苦労した末に、被害者使用ロッカーのものであることを突き止めたという形を整えなければならない理由も必要もなかったはずであるから、
そのように捜査の適法性を疑われかねない経過を辿ったこと自体、捜査官がロッカーキーの発見場所を捏造していないことを窺わせる。

(イ) 被告人は、「6月10日の被告人宅の捜索差押え後に、被告人のバッグの中に、ロッカーキーの押収品目録が入れられていたが、これを4月14日に受け取ったことはない」旨供述するが、
ロッカーキーの適法な差押えが、同日に了しているのは前記のとおりであって、その押収品目録のみを、捜査官が、長期間の隔たりを置いて隠密裏に、被告人のバッグに忍ばせるべき事情も見当たらず、その供述は信用できない。

(ウ) そして、被害者のロッカーキーが、そのロッカーに当初から置かれていたのであれば、罪証隠滅工作の一環として、被害者の携帯電話を、被害者のロッカーに戻す一方で、新たな証拠となる被害者のロッカーキーを持ち出す危険を冒す理由も必要もないはずである。

したがって，被害者のロッカーキーは，被害者が被害者の携帯電話や後記遺品と一緒にバッグに収納して常に持ち歩いていた携行品の一部であって，これらが，被害者殺害後に一括して犯人の管理下に置かれ，罪証隠滅のために順次手放され，ロッカーキーのみが，被告人車両内に存在するに至ったものと合理的に推認できる。

(エ)　被告人は，公判段階で，「被告人車両のスペアキーが，平成11年暮れから平成12年2月ころまでの間は，見当たらない状態にあったとか，被告人車両を，無施錠で駐車していたこともあった」とか供述するが，(中略)，

　被告人以外の犯人が，犯行に先立って被告人車両のスペアキーを入手して合い鍵を作っていたとか，単に投棄するだけで証拠隠滅として十分なはずのロッカーキーを，被告人や捜査官に見咎められる危険を冒してまで，被告人車両内に入れるとかは考え難く，

　そもそも，被告人を冤罪に陥れようとしたのであるならば，被害者のロッカーキーのみを，被告人車両内に忍ばせる一方で，被害者の携帯電話を，被害者使用ロッカー内に戻し，後記のようにその余の遺品を，発見困難な森林内で焼損処分するというのも，首尾一貫せず不可解であることなどからすると，

　ロッカーキーが，被告人と無関係に，被告人車両内に入れられた可能性はなく，

　ロッカーキーのみが被告人車両内に残された理由にしても，罪証隠滅工作の一環として被害者のバッグを開けて被害者の携帯電話又はロッカーキー自体を出し入れした際に，ロッカーキーがグローブボックス内に落ち，これに気付かないで被害者の携帯電話やバッグを持ち出して処分し，ロッカーキーのみが放置された可能性が高い。

　そうすると，被害者のロッカーキーは，被害者の殺害に伴って犯人の保管下に置かれ，少なくとも被告人の関与を経て，被告人車両内に放置されるに至ったものと合理的に推認できるから，被告人が犯人である可能性は，極めて濃厚である。

(2) 2審判決

　2審判決は、以下のように判示している。

　所論は、①被害者を始め配車センターの女性従業員は、ロッカーを施錠しておらず、被害者が、施錠していないロッカーキーを持ち歩くことは考えられない、ロッカーキーは、ロッカーの受け皿に放置されていた可能性が高く、

　また、②検証以前から被告人車両のグローブボックス内に存在していたとすれば、被告人は、3月18日付と同月26日付の給油納品書をグローブボックスに入れた際、ロッカーキーがあることに気付いたはずであるのに、そのまま保管していたことになり、被告人車両内から被害者のロッカーキーが発見されたこと自体、不自然であり、

　その他、③ロッカーキー発見までの経緯が明確でないことなどを考えると、

　被告人の嫌疑を深めるために、捜査官がねつ造した可能性があるという。

　しかし、まず、原審甲127号証の検証調書によれば、グローブボックス内は、車検証入れ、給油納品書やビニール袋などが、乱雑に収められている状態であり、

　しかも、給油納品書をグローブボックスに入れる際、その中にあるものを詳細に確認するはずもないから、

　その中にあった鈴付きとはいえ小さなロッカーキーに気付かなかったとしても、何ら不自然ではなく、被告人が気付いたはずだという推論自体、採り得ない。

　所論によれば、捜査官が、配車センターの従業員の目を盗んで、被害者のロッカーキーを盗み出し、被告人車両のグローブボックスに入れたということになるが、

　実況見分等の際には、常に立会人がいるのであるから、捜査官がロッカーキーを盗むことができたということ自体、疑問であるし、

　捜査官が犯罪行為を犯してまで被告人を犯人に仕立てようとしたというのは、通常考えられない。

被害者が施錠していないロッカーキーを持ち歩くことは考えられないということから，直ちに捜査官のねつ造の可能性があるというのは，余りにも論理の飛躍があり，合理的な推論といえず，採用することはできない。

被害者が保管していたはずのロッカーキーが，どのようにして被告人車両のグローブボックス内に存在するようになったか，その経緯は明らかでないが，

それが，被告人車両のグローブボックス内に存在したことは，動かし難い事実であり，

そして，ロッカーキーが，被告人以外の者によって，被告人車両に入れられた可能性も考え難いことからすると，

この事実は，被告人の犯人性を示す有力な間接事実である。

4　検討(1)～考えられる可能性

(1)　4月14日、警察は、被告人の車両のグローブボックスの中から、被害者のロッカーの鍵を発見した。

可能性としては、以下の場合（①～③）がある。

①被告人が、何らかの原因で、被害者のロッカーの鍵を取得し、その後、被告人の車両のグローブボックス内に入れた場合

②被告人が、何らかの原因で、被害者のロッカーの鍵を取得し、その後、被告人が意図せずに被告人の車両のグローブボックス内に入った場合

③被告人以外の者が、被告人の車両のグローブボックス内に入れた場合

(2)　この点、(1)①②の「被告人が被害者のロッカーの鍵を取得した、何らかの原因」としては、以下のような場合（①～⑤）が考えられる。

①被告人は、3月9日夜、職場の上司の部長の送別会の行き、被害者を、自分の車で会場まで送り、帰りも、被害者を、他の従業員とともに、自分の車で職場まで送った。

その際、被害者が、被告人の車内に、ロッカーの鍵を落とした。

②被告人が、被害者の生前に、被害者のロッカーの鍵を盗取した。

③被告人が、3月16日、被害者の死体の焼損後、被告人の車両の助手席の下には、被害者のショルダーバッグ（携帯電話、財布、車の鍵、眼鏡入り

眼鏡ケース、ヘアピン、ガラス製の容器に入った香水、電話帳機能付電卓などが入っていた）が、残されていた。

そして、被害者のショルダーバッグに、被害者のロッカーの鍵も入っていた。

④被告人は、3月17日午前8時30分過ぎ頃、被害者の携帯電話を、被害者のロッカー内に戻す前に、被害者のロッカー内の状況を確認するために、被害者のロッカーを開けて、被害者のロッカー内を確認した。

その際、被害者のロッカーの鍵が、ロッカーの受け皿にあり、被告人が、盗取した。

⑤被告人は、3月17日、被害者の携帯電話を、被害者のロッカー内に戻した。

その際、被害者のロッカーの鍵が、ロッカーの受け皿にあり、被告人が、盗取した。

(3) また、(1)②の「被告人が意図せずに被告人の車両のグローブボックス内に入った場合」としては、以下のような場合（①）が考えられる。

①被告人は、自分の車内で、被害者のショルダーバッグの中身を出し入れしていた。

その際、被告人が気付かないうちに、被害者のロッカーの鍵が、グローブボックス内に落ちた。

(4) また、(1)③の「被告人以外の者が、被告人の車両のグローブボックス内に入れた場合」としては、以下のような場合（①、②）が考えられる。

①警察官が、被告人の嫌疑を深めるために、事前に入手していた被害者のロッカーの鍵を、被告人の車両のグローブボックス内に入れて、発見を装って、証拠をねつ造した。

②犯人である被告人以外の者が、被告人に罪をきせようとして、被害者のロッカーの鍵を、被告人の車両のグローブボックス内に入れた。

5　検討(2)〜グローブボックス内に入った原因

まず、グローブボックス内に入った原因について、検討する。

(1) 被告人が気付かないうちに、被害者のロッカーの鍵が、グローブボック

ス内に落ちた可能性～4(3)①の場合

　1審判決は、「ロッカーキーのみが被告人車両内に残された理由にしても、罪証隠滅工作の一環として被害者のバッグを開けて被害者の携帯電話又はロッカーキー自体を出し入れした際に、ロッカーキーがグローブボックス内に落ち、これに気付かないで被害者の携帯電話やバッグを持ち出して処分し、ロッカーキーのみが放置された可能性が高い」と判示している。

　しかし、被告人が、自分の車内で、被害者のショルダーバッグの中身を出し入れしていた際、被告人が気付かないうちに、被害者のロッカーの鍵が、グローブボックス内に落ちるという事態は、偶然であり、その可能性が高いというのは、認定に無理があるといえる。

　よって、その可能性は低いと考えるのが妥当である。

(2) 犯人である被告人以外の者が入れた可能性～4(4)②の場合

　犯人である被告人以外の者が、被告人に罪をきせようとして、被害者のロッカーの鍵を、被告人の車両のグローブボックス内に入れた可能性が考えられる。

　しかし、他人の車両のグローブボックス内に入れるというのは、通常他人の車両は施錠されているから、実現が困難な行動であるし、また、見つかった場合、本件の犯人と発覚する危険がある行動である。

　また、犯人である被告人以外の者は、他方、被告人に罪をきせようとして、4月11日午前11時頃から15日午後4時20分頃までの間、「早来町民の森」の作業用道路の路肩上において、被害者の所持品（車の鍵、眼鏡入り眼鏡ケース、財布、ヘアピン、ガラス製の容器に入った香水、電話帳機能付電卓など）に、灯油類をかけて火を放ち焼損したことになる。

　しかし、犯人である被告人以外の者が、これとは別に、被告人に罪をきせようとして、被害者のロッカーの鍵だけを、被告人の車両のグローブボックス内に入れたというのは、考えにくいといえる。

　よって、犯人である被告人以外の者が、被告人に罪をきせようとして、被害者のロッカーの鍵を、被告人の車両のグローブボックス内に入れた可能性は低いと考えるのが妥当である。

(3) 警察官が入れた可能性〜4(4)①の場合

　弁護人は、警察官が、被告人の嫌疑を深めるために、事前に入手していた被害者のロッカーの鍵を、被告人の車両のグローブボックス内に入れて、発見を装って、証拠をねつ造した可能性が高いと主張している。

　確かに、過去に、冤罪事件等で、捜査機関による証拠のねつ造が行われたことがあるから、本件でも、警察官が、証拠のねつ造をした可能性は否定できない。

　しかし、152頁以下で検討したように、被告人の車両のグローブボックスの中から、被害者のロッカーの鍵が発見された事実は、被告人が犯人であることを、弱く推認させるに過ぎないと考えるのが妥当である。

　そうすると、仮に、警察官が、被告人の嫌疑を深めるために、証拠のねつ造をするとしたら、被害者のロッカーの鍵を、被告人の車両のグローブボックス内に入れるよりも、例えば、被害者の髪の毛を、被告人の車両の助手席辺りに置く方が、効果的であると思われる。

　また、あくまで一般論としては、警察官が、証拠をねつ造することは稀であると思われる。

　よって、警察官が、被告人の嫌疑を深めるために、事前に入手していた被害者のロッカーの鍵を、被告人の車両のグローブボックス内に入れて、発見を装って、証拠をねつ造した可能性は低いと考えられる。

(4) 被告人が入れた可能性

　以上より、被告人が、被害者のロッカーの鍵を、被告人の車両のグローブボックス内に入れた可能性が高いと考えるのが妥当である。

6　検討(3)〜被告人が被害者のロッカーの鍵を取得した原因

　次に、被告人が被害者のロッカーの鍵を取得した原因について、検討する。

(1) 被害者が、被告人の車内に、ロッカーの鍵を落とした可能性〜4(2)①の場合

　被告人は、3月9日夜、職場の上司の部長の送別会の行き、被害者を、自分の車で会場まで送り、帰りも、被害者を、他の従業員とともに、自分の車で職場まで送った。その際、被害者が、被告人の車内に、ロッカーの鍵を落

とした可能性が考えられる。

しかし、被害者が、被告人の車内に、ロッカーの鍵を落とすという事態は、偶然である。

さらに、被告人は、「自分の車のグローブボックス内に、被害者のロッカーの鍵が入っていた心当たりはない」と供述していることからすると、被告人が意図せずに、被告人の車両のグローブボックス内に入ったことになり、偶然に偶然が重なったことになる。

よって、その可能性は低いと考えるのが妥当である。

(2) 被告人が、被害者の生前に、被害者のロッカーの鍵を盗取した可能性～4(2)②の場合

検察官は、被告人は、被害者のロッカー内に戻すことを念頭に、被害者のロッカーの鍵を入手していたと主張している。

しかし、女子休憩室内のロッカーは、工場構内課の女性従業員4人(被害者、被告人、S.Y、T.N)は皆、鍵をかけていなかった。

よって、被告人が、被害者のロッカーの鍵を入手しておく必要はない。

また、被告人は、被害者の生前に、被害者の携帯電話を、被害者のロッカー内に戻すことは考えておらず、それを考えたのは、犯行(被害者を殺害し、死体を焼損)後であると考えられる。

よって、被告人が、被害者の生前に、被害者のロッカーの鍵を盗取した可能性は低いと考えるのが妥当である。

(3) 被害者のショルダーバッグに、被害者のロッカーの鍵も入っていた可能性～4(2)③の場合

被告人が、3月16日、被害者の死体の焼損後、被告人の車両の助手席の下には、被害者のショルダーバッグ(携帯電話、財布、車の鍵、眼鏡入り眼鏡ケース、ヘアピン、ガラス製の容器に入った香水、電話帳機能付電卓などが入っていた)が、残されていた。そして、被害者のショルダーバッグに、被害者のロッカーの鍵も入っていた可能性が考えられる。

この場合、その後、被告人は、4月11日午前11時頃から15日午後4時20分頃までの間、「早来町民の森」の作業用道路の路肩上において、被害者の所持品(車の鍵、眼鏡入り眼鏡ケース、財布、ヘアピン、ガラス製の容器

に入った香水、電話帳機能付電卓など)に、灯油類をかけて火を放ち焼損した。

しかし、この場合、被告人は、被害者のショルダーバッグに入っていた物の中で、被害者のロッカーの鍵だけを、なぜ、被告人の車両のグローブボックス内に入れたのかの説明が困難となるといえる。

この点、1審判決は、「被害者のロッカーキーは、被害者が被害者の携帯電話や後記遺品と一緒にバッグに収納して常に持ち歩いていた携行品の一部であって、これらが、被害者殺害後に一括して犯人の管理下に置かれ、罪証隠滅のために順次手放され、ロッカーキーのみが、被告人車両内に存在するに至ったものと合理的に推認できる」、「ロッカーキーのみが被告人車両内に残された理由にしても、罪証隠滅工作の一環として被害者のバッグを開けて被害者の携帯電話又はロッカーキー自体を出し入れした際に、ロッカーキーがグローブボックス内に落ち、これに気付かないで被害者の携帯電話やバッグを持ち出して処分し、ロッカーキーのみが放置された可能性が高い」と判示している。

しかし、5(1)で検討したように、1審判決の認定には無理があるといえる。

そして、女子休憩室内のロッカーは、工場構内課の女性従業員4人(被害者、被告人、S.Y、T.N)は皆、鍵をかけていなかったこと、

被害者のロッカーの鍵は、被害者が、前任者であるM.Tから引き継いだもので、M.Tが付けたお守りの鈴が付いたままだったこと、

S.Yも被告人も、ロッカーの鍵は、ロッカーの受け皿に置いていたことからすると、被害者のロッカーの鍵は、被害者のロッカーの受け皿に置かれていた可能性が十分に考えられる。

以上のことからすると、被害者のショルダーバッグに、被害者のロッカーの鍵も入っていた可能性は低いと考えられる。

(4) 被告人が、被害者の携帯電話を、被害者のロッカー内に戻した際に、被害者のロッカーの鍵を盗取した可能性〜4(2)⑤の場合

被告人は、3月17日、被害者の携帯電話を、被害者のロッカー内に戻した。その際、被害者のロッカーの鍵が、ロッカーの受け皿にあり、被告人

が、盗取した可能性が考えられる。

　しかし、被告人が、その際、被害者のロッカーの鍵を盗取する必要性も理由もないと思われる。

　よって、その可能性は低いと考えるのが妥当である。

(5)　被告人が、被害者のロッカー内を確認した際に、被害者のロッカーの鍵を盗取した可能性〜4(2)④の場合

　以上より、以下の場合の可能性が高いと考えられる。

　すなわち、被告人は、3月17日午前8時30分過ぎ頃、被害者の携帯電話を、被害者のロッカー内に戻す前に、被害者のロッカー内の状況を確認するために、被害者のロッカーを開けて、被害者のロッカー内を確認した。

　その際、被害者のロッカーの鍵が、ロッカーの受け皿にあった。

　そこで、被告人は、被害者の携帯電話を、被害者のロッカー内に戻すことができなくならないように、被害者のロッカーの鍵を盗取した可能性が高いと考えられる。

7　検討(4)

(1)　3月17日（金）

　㋐　被告人が犯人であるとしたら、被告人は、3月17日午前8時30分過ぎ頃、被害者の携帯電話を、被害者のロッカー内に戻す前に、被害者のロッカー内の状況を確認するために、被害者のロッカーを開けて、被害者のロッカー内を確認したと考えられる。

　　その際、被害者のロッカーの鍵が、ロッカーの受け皿にあったと考えられる。

　　そこで、被告人は、被害者の携帯電話を、被害者のロッカー内に戻すことができなくならないように、被害者のロッカーの鍵を盗取したと考えられる。

　㋑　そして、被告人は、被害者のロッカーの鍵を、被告人の車両のグローブボックス内に入れたと考えられる。

(2)　4月12日（水）

　㋐　被告人は、4月12日午後8時30分頃、「喫茶店とれいる」に行った。

　　　　T.Mは、前日、不審な車は、警察の車ではないかと察知したことから、被告人に、そのことを話したと考えられる。
　　　　そして、被告人は、午後11時頃、自分の車に、T.Mの車が後ろからついてきてもらう形で送られて、帰った。
　(イ)　被告人は、それまで警察に監視されているとは思っていなかったところ、T.Mから話を聞いて、警察に監視されていることを知ったと考えられる。
　　　　そして、被告人は、被害者が自分の車内に残し、見つかった場合、本件の犯人と発覚する決定的な証拠となる、隠し持っていた被害者のショルダーバッグを早急に処分する必要性を感じたと考えられる。
　　　　他方、被告人は、自分の車内のグローブボックス内に入れた、被害者のロッカーの鍵については、本件犯行（被害者を殺害し、死体を焼損）の証拠となるものではないので、なによりも、被害者のショルダーバッグを早急に処分する必要性を感じたと考えられる。
　　　　そこで、被告人は、「早来町民の森」に行き、その作業用道路の路肩上に、被害者の所持品（車の鍵、眼鏡入り眼鏡ケース、財布、ヘアピン、ガラス製の容器に入った香水、電話帳機能付電卓など）を置いたと考えられる。
　　　　そして、被告人は、車の後部トランクから、10ℓの灯油が入った赤色ポリタンクを取り出し、被害者の所持品に、そのうちの500mℓの灯油をかけて、ライターで火をつけたと考えられる。
(3)　4月13日（木）
　　　　そして、被告人は、4月13日、見つかった場合、本件の犯人と発覚する決定的な証拠となる、被害者のショルダーバッグを処分できた安堵感から、I.Mに対して、「解決したら、一晩、I.Mの時間を私に下さい。I.Mのとなりで眠らせてください。2人で会える時、連絡下さい。待ってます」との手紙を書いたと考えられる。
(4)　4月14日（金）
　　　　そして、被告人は、4月14日、出社したところ、待機していた警察官に、被害者のロッカーの鍵を処分する前に、自分の車を差し押さえられたと考

えられる。
　被告人は、千歳警察署に連れていかれて、取調べを受けた。
　そして、警察は、同日、被告人の車両のグローブボックスの中から、被害者のロッカーの鍵を発見した。

第4章

被告人が犯人であるとした場合のその他の問題点

第1　アリバイ

1　死体発見現場の周辺住民の目撃供述

(1)　O.Tの目撃供述
　(ア)　捜査段階での供述～4月6日付け警察官調書
　　　25頁の1(1)に記載のとおりである。
　(イ)　捜査段階での供述～5月4日付け検察官調書
　　　26頁の(2)に記載のとおりである。
　(ウ)　1審裁判での供述
　　　26頁の(3)に記載のとおりである。
(2)　H.Mの目撃供述
　(ア)　捜査段階での供述～6月11日付け検察官調書
　　　27頁の2(1)に記載のとおりである。

2　死体発見現場からガソリンキング恵庭店まで
　62頁の7(3)に記載のとおりである。

3 検察官の主張
(1) 被害者の死体焼損開始時刻について

65頁の(5)に記載のとおり、<u>3月16日午後11時頃</u>である。

4 弁護人の主張
(1) アリバイの成立

(ア) 検察官による不当なアリバイ成立阻止

71頁の(10)(ア)に記載のとおりである。

(イ) 被害者の死体焼損開始時刻について

71頁の(10)(イ)に記載のとおり、<u>3月16日午後11時15分頃</u>である。

(ウ) アリバイの成立

72頁の(ウ)に記載のとおりである。

5 裁判所の判断
(1) 1審判決

1審判決は、以下のように判示している。

(ア) そして、死体発見現場付近住民であるO.Tは、公判段階で、「3月16日、就寝するために歯磨きや洗顔をしながら、自宅1階居間の正確に合わしていた壁時計で、午後11時から午後11時5分前の間の時間であることを確認して、(中略)」旨供述し、

捜査段階でも、その目撃時間が、「同日午後11時か、少し過ぎた11時15分ころまでの間に、間違いない」旨を除いて、公判段階とほぼ一貫した供述をし、

その炎の目撃時間に関する供述の微妙な変遷について、「取調検察官から、少々時間に幅を持たしたほうが無難であるように言われ、自らも重大事件であるがゆえに、慎重になったからである」旨釈明する点でも、合理性が認められる。

(中略)

そうすると、被害者は、少なくとも、その生存が確認されていた3月16日午後9時30分ころから、死体の焼損が開始された<u>同日午後11時</u>

5分ころまでに，殺害されたことは明らかである。
- (イ) 関係各証拠によれば，死体発見現場からガソリンキング恵庭店までの車両走行による所要時間は，日中の積雪のない状態で，制限速度を遵守した場合に，約23分ないし25分であり，

 また，被告人は，夜間及び冬道の運転に慣れていたものであり，3月16日午後11時36分に，ガソリンキング恵庭店で，被告人車両の給油伝票を受領したことが，認められる。

 そして，被告人は，一部道路に積雪があったにしても，交通量の少ない深夜帯に，制限速度を遵守していたとは限らないのであるから，

 死体発見現場で3月16日午後11時5分ころに着火して，同日午後11時10分ころまでに出発する限り，同日午後11時36分に，ガソリンキング恵庭店で，給油伝票を受領することは，優に可能である。

(2) 2審判決

　2審判決は，以下のように判示している。
- (ア) 原判決が説示するとおり，被害者死体の焼損開始時刻は，<u>遅くとも3月16日午後11時5分ころ</u>と認められる。

 すなわち，O.Tは，原審公判廷において，「正確に合わせていた壁時計で，午後11時から午後11時5分より前の時間であることを確認して，（中略）」旨供述しており，その供述に疑いを差し挟む余地はない。

 確かに，同人は，捜査段階では，「午後11時か少し過ぎた午後11時15分ころまでの間に，間違いない」旨の供述もしているが，

 その理由について，「取調検察官が，少々時間に幅を持たせたほうがいいように言い，自らも重大事件であるため，慎重に一寸幅を持たせた」旨，合理的な説明をしている上，

 同人の捜査段階の供述内容を子細にみると，同人は，4月6日付警察官調書において，「3月16日午後11時ころ，就寝する際に，南8号と呼ばれる道路上に，小さな炎が上がっているのを，自宅2階の窓から見た。1階から2階の寝室へ行こうとした際，1階の壁時計が，午後11時ころだったのを確認した。分までは，今では少し記憶が薄れているが，自分の感覚や記憶では，時計は，午後11時0分ころから午後11時15

分ころまでの間を指していたことは間違いないと思う。炎を見る直前に、1階の壁時計をみており、その時間が午後11時になっていたことは間違いなく、そして私の記憶や感覚から、その時間は午後11時15分を過ぎてはおらず、炎を見たのは、午後11時0分ころから午後11時15分ころの間で、間違いないと思う」などと供述しているものであり、

炎を見た時刻について、O．T自身、「午後11時ころ」であると認識していたが、

O．Tは、原審公判廷で述べるとおり、正確を期すため、警察官に対して、「午後11時0分ころから午後11時15分ころの間」と幅を持たせた供述をしたものと認められ、

「午後11時ころから午後11時5分までの間に、炎を見た」とのO．Tの原審公判供述は、十分信用できる。

(イ) 死体焼損現場からガソリンキング恵庭店までの所要時間について、所論は、この所要時間を、約25分と主張する。

（中略）

このように、走行実験の結果では、最短で19分5秒、最長で25分17秒となるが、所論は、このうち最長のもの、すなわち、被告人に最も有利な所要時間だけを採用しているにすぎないし、

そもそも、これらの走行実験は、いずれも制限速度ないし法定速度や信号を遵守した上での走行であって、殺人及び死体損壊事件を起こした犯人が、車両を運転して現場から逃走する場合の速度や走行方法として、実態を反映しているとは到底認め難く、

実際には、もっと短時間、すなわち20分もあれば十分に、死体焼損現場からガソリンキング恵庭店に着くことができると考えられる。

以上のとおり、死体の焼損が開始された時刻は、遅くとも午後11時5分ころであること、

また、死体焼損現場からガソリンキング恵庭店までは、20分もあれば到着することができると考えられることに照らすと、

被告人が、3月16日午後11時30分43秒に、ガソリンキング恵庭店にいたことは、被告人のアリバイとはならず、

かえって、被害者の死体が焼損された時刻と場所に、近接した時刻、場所に、被告人がいたことは、被告人の犯人性を示すひとつの間接事実といえる。

6 検討(1)～O.Tの目撃供述

(1) 本件についての事実経過

本件については、以下のような事実経過であったと考えられる。

(ア) O.Tは、2審判決の判示のとおり、「午後11時頃」と認識し、その旨を供述していた。

しかし、警察は、H.Mの供述となるべく整合させる方針を採り、警察官は、4月6日、「午後11時頃から午後11時15分頃」に供述を誘導して、供述調書を作成した。

検察官も、5月4日、同様の供述調書を作成した。

そして、警察は、5月23日、逮捕状の被疑事実を「午後11時15分頃」として、被告人を逮捕した。

(イ) しかし、警察は、4月14日、被告人の車両を差し押さえ、被告人の車両内から、ガソリンキング恵庭店の給油伝票を押収した。同店の給油伝票には、「3月16日午後11時36分、1000円相当（約9.5ℓ）のガソリンを給油した」旨の記載があった。

そして、警察は、4月17日、ガソリンキング恵庭店から、防犯ビデオテープを押収した。そして、警察は、押収経過や時刻を記載した、4月17日付けと4月24日付け捜査報告書を作成した。同報告書には、「3月16日午後11時30分43秒、入店、午後11時33分20秒、給油、午後11時34分04秒、出店した」旨が記載されていた。

さらに、警察は、4月16日と17日の両日の午後3時台の時間帯に、死体発見現場からガソリンキング恵庭店までの車での所要時間について、2回の走行実験を行い、その結果は、1回目は、19分20秒、2回目は、19分5秒であった。

これらにより、被害者の死体焼損開始時刻が午後11時15分頃であるとしたら、死体発見現場からガソリンキング恵庭店までの車での所要時

間は、約19分であるところ、被告人は、午後11時30分43秒、ガソリンキング恵庭店に入店したから、被告人にアリバイが成立してしまうことが判明した。

(ウ) そこで、検察官は、6月13日、起訴状の公訴事実を「午後11時頃」として、被告人を起訴した。

そして、検察官は、O.Tと公判準備をしたうえ、O.Tは、1審裁判で証人として、「午後11時頃から午後11時5分頃」と供述した。

さらに、検察官は、1審裁判で、ガソリンキング恵庭店の給油伝票（午後11時36分、給油）と、防犯ビデオテープ（午後11時30分43秒、入店）のうち、給油伝票のみを証拠として提出し、防犯ビデオテープは証拠として提出しなかった。そのため、防犯ビデオテープの存在を、弁護人と裁判所は知らず、1審判決が下された。

(エ) その後、検察官が、防犯ビデオテープを同店に返却したため、マスコミが取り上げて、弁護人が、その存在を知るに至った。そこで、検察官は、2審裁判で、防犯ビデオテープを証拠として提出した。

(オ) この点、以上のような事実経過からすると、被害者の死体焼損開始時刻が午後11時15分頃であるとしたら、被告人にアリバイが成立してしまうことが判明したのは、4月中であると思われる。

よって、警察は、5月23日、逮捕状の被疑事実を「午後11時頃」として、被告人を逮捕すべきであったと思われる。

警察が、そうしなかったのは、警察の失態等が原因であると思われる。

(2) 被害者の死体焼損開始時刻

確かに、警察や検察官の上記行為は、非難されるべきものである。

しかし、被害者の死体焼損開始時刻については、あくまで、O.Tは、2審判決の判示のとおり、「午後11時頃」と認識し、その旨を供述していた。

O.Tは、4月6日付け警察官調書では、「1階居間の壁時計が、11時頃だったのを確認した」と供述し、

5月4日付け検察官調書では、「1階居間の壁時計を見ると、午後11時になっていた」と供述し、

1審裁判では、「時計は、午後11時頃頃だった」、「ちょうど時計の針が、

午後11時を指していた」と供述している。

　よって、検察官の主張のとおり、被害者の死体焼損開始時刻は、午後11時頃と考えるのが妥当である。

　なお、O.Tは、「午後11時頃、炎を目撃した」と供述しており、「午後11時頃、犯人が火をつけたのを目撃した」とは供述していない。

　よって、正確には、被害者の死体焼損開始時刻は、「遅くとも午後11時頃」と考えるのが妥当である。

7　検討(2)～H.Mの目撃供述

(1)　他方、H.Mは、以下のような供述をしている。

　1頭目の犬の散歩に出発したのは、午後11時10分から15分頃だが、時計が若干進んでいたため、はっきりした時刻は分からない。

　自宅台所横の裏口から外に出たところ、右斜め前方の南8号線上に、明かりが見えた。明かりまでの距離は、500mから600mだと思う。（なお、明かりまでの実際の距離は、約558mであった。）

　明かりは、形は、かまぼこ型で、大きさは、家の近くにあるビニールハウスで例えると、横幅はビニールハウス1棟分、高さはそれを2つ重ねた位に感じた。太陽が地平線に落ちるような感じに見えた。2台の車が向かい合い、互いにライトを照らし合っているのだろう位にしか思わなかった。

　南9号線から右折して、A.K宅に行く途中の真ん中に来たときに、明かりが揺れているような状態で、しかもモワモワと白い煙が上がっているのに気付き、車のライトではなく、誰かが何かを燃やしているのだろうと思った。

(2)　O.Tは、4月6日付け警察官調書で、「炎の高さと幅は、それぞれ1m前後の感じだった」、「炎は、見えた範囲では、それほど大きな感じはせず、危険を感じたとか、消防署に通報しようと思うほどではなかった」と供述しており、消防団員のO.Tが、消防署に通報しようと思うほどの炎ではなかった。

　これに対して、H.Mは、「横幅はビニールハウス1棟分、高さはそれを2つ重ねた位に感じた」と供述しており、H.Mが目撃した炎の方が、大き

かったとも考えられる。

そして、豚の燃焼実験では、着火後1分以内に、炎が最大になり、3分後には、炎は消え始め、20分から30分後に、鎮火状態になった。弁護人による実験でも、警察による実験でも、結果はほとんど同じであった。

そして、炎の立ち上がりの際は、豚であっても、被害者の死体であっても、その表面に付着した灯油が燃焼している過程であるから、炎の大きさの経過は、それほど変わらないとも考えられる。

そうすると、H.Mが目撃した炎の方が、大きかったとしたら、死体焼損開始時刻は、H.Mの目撃時刻とも考えられることから、この点を、どのように考えるかを検討する。

(3) この点、まず、O.Tは、「炎」を目撃したと供述している。これに対して、H.Mは、「明かり」を目撃したと供述している。

H.Mは、「太陽が地平線に落ちるような感じ」に見え、「2台の車が向かい合い、互いにライトを照らし合っている」のだろうと思い、後から、白い煙が上がっているのに気付き、「車のライト」ではなく、誰かが何かを燃やしているのだろうと思ったのであり、最初は、「車のライト（の明かり）」だと思っていた。

また、O.Tは、「300mから400m」の距離から目撃している。これに対して、H.Mは、「約558m」の距離から目撃しており、O.Tより視認状況は悪い状況だった。

さらに、O.Tは、「自宅の2階」から目撃しており、上から見下ろすことから、目撃対象は小さく見えやすい傾向があると思われる。これに対して、H.Mは、「自宅から外に出たところ」で目撃している。

そして、目撃時刻は、午後11時頃以降の夜間であった。

そうすると、H.Mが目撃した「明かり」は、「炎の明かり」であり、「炎」そのものではなく、「炎」そのものより大きく見えた可能性が高いと考えるのが妥当である。

実際、著者が、インターネット上で、炎の写真（ローソクの炎の写真等）を確認したところ、「炎」そのものの周辺に、「炎の明かり」を確認できるものがあり、また、「炎の明かり」が、「炎」そのものより、はるかに大きく確

第4章 ◆ 被告人が犯人であるとした場合のその他の問題点

認できるものがあった。

　また、この点については、再現実験が可能であると思われる。

　同じ時間帯に、死体発見現場で例えば豚を燃焼させ、炎の大きさによって、H.Mが目撃した場所から、実際にどのように見えるのかを、実験によって確認することができると思われる。

8　再審請求審で明らかになった事実～O.Tの目撃供述

　検察官は、再審請求審において、以下の証拠を開示した。

(1)　3月17日付け捜査報告書

　O.Tは、3月17日、警察官に対して、以下のような供述をしている。

　3月16日午後11時頃、自宅2階の寝室の窓から、A.K宅前付近の道路のところに、小さな炎が上がっているのを見た。

　別に疑問を感じなかったので、2、3分後に、就寝した。

9　再審請求審で明らかになった事実～H.Mの目撃供述

　検察官は、再審請求審において、以下の証拠を開示した。

(1)　3月17日付け捜査報告書（聴取日3月17日）

　H.Mは、3月17日、警察官に対して、以下のような供述をしている。

　3月16日午後11時15分頃、犬の散歩のため玄関を出ると、自宅北側の防風林の方向に、オレンジ色の明かりと、白煙様のものが上がっているのが見えた。車両のライトではないかと考えた。

　3月17日午前0時頃、もう1頭の犬の散歩のため、自宅を出た。その頃も、明かりは立ち上がった状態だった。

　その後、3月17日午前1時頃、2階に上がる階段窓から北側を見ると、明かりは相当小さくなっていた。

(2)　3月17日付け捜査報告書（聴取日3月17日）

　H.Mは、3月17日、警察官に対して、以下のような供述をしている。

　3月16日午後11時15分頃、犬の散歩のため勝手口から出て、南8号線方向を見ると、死体発見現場のところが明るく見えた。車のライトだと思った。

西7号線を北東方向に進行してA.K宅前で、現場を見ると、明かりだけでなく、白煙が立ち上がっているのを目撃した。

その後、一旦帰宅し、別の犬と交代して、再度同じコースを進行した。そして、A.K宅前に来た際、再度現場を見たら、明るさはかなり小さくなっていた。

同日午後11時40分頃、帰宅し、台所から現場を見ると、更に明るさは小さくなっていた。

3月17日午前1時頃、2階寝室から現場を見ると、既に明るさはなく暗闇状態になっていた。

(3) 3月17日付け警察官調書

H.Mは、3月17日、警察官に対して、以下のような供述をしている。

テレビ番組と居間の壁時計で時間を確認し、3月16日午後11時15分頃、1頭目の犬の散歩のために自宅を出て、すぐに死体発見現場付近の明かりに気付いた。明かりは、農家の納屋として使っているかまぼこ形の建物の間口側と同じような大きさと形で、ちょうど太陽が地平線に落ちる時のような状態だった。

最初は車のライトかなと思ったが、A.K宅前まで来ると、その明かりは、揺れているような状態で、白い煙というかモワモワというものが上がっていたので、車のライトではなく、何か燃やしているのかなと思った。

A.K宅前から自宅に戻り、2頭目も、A.K宅前まで散歩させて、自宅に戻った。2頭目の散歩の時、明かりの大きさは変わっていなかったが、自宅に戻って台所から見ると、最初の大きさから3分の1程度の大きさとなり、明るさも小さくなっていた。この時も、居間の壁時計で、17日午前0時5分と確認した。

17日午前1時頃、2階寝室から再びこの明かりを確認すると、明かりは消えていた。

(4) 5月23日付け捜査報告書

H.Mの散歩状況の再現が、5月19日、行われた。

1頭目の散歩の出発から7分56秒後が、A.K宅に行く途中の真ん中辺りで、27分16秒後が、2頭目の散歩の出発で、39分20秒後が、2頭目の散

歩からの帰宅であった。

H.Mは、5月19日、警察官に対して、以下のような供述をしている。

1頭目の散歩で裏口から出てすぐに、防風林越しに、オレンジ色の光が見えた。

A.K宅に行く途中の真ん中辺りを歩いている時に、その灯りから白煙が上がっているのが分かった。この時、灯りの大きさは、最初に見た時の3分の1位に小さくなっていた。

(5) 5月19日付け警察官調書

H.Mは、5月19日、警察官に対して、以下のような供述をしている。

3月16日午後11時15分頃、1頭目の犬の散歩のため裏玄関を出ると、南8号線付近に、車のライトが光っているような明かりが見えた。

A.K宅に向かって1本目くらいの電柱付近を歩いていた時、白い煙が上がっていたのが見えたので、車のライトでなく、何かを燃やしているんだなと思った。

2頭目の犬の散歩を終えて自宅に戻った時も、燃えている状態は続いていたが、かなり小さな明かりになっていた。家に入ってからも、明かりが気になったことから、台所の窓からも見た。家の中では、2頭目の犬の足を拭いたり、着替えたり、部屋の整理等をしてから、壁時計を確認したところ、3月17日午前0時5分だったので、2頭目の犬の散歩を終えて自宅に着いたのは、3月16日午後11時40分から50分頃ではないかと思う。

10 検討(3)～再審請求審で明らかになった事実

(1) O.Tの目撃供述

O.Tが、「午後11時頃」と認識していたことが、より一層明確になったといえる。

なお、小さな炎が上がっているのを見たのが、A.K宅前付近の道路のところと供述しており、1(1)(ア)～(ウ)の供述と相違するところもあるが、捜査報告書の内容であり、読み聞かせ等の記載内容の正確性を担保する手続きがとられる、供述調書の内容ではないため、問題視すべきほどのことではないと考えるのが妥当である。

(2) H.Mの目撃供述

H.Mが、最初に明かりを目撃した時刻を、「午後11時15分頃」と認識していたことが、明確になったといえる。

ただ、その後の小さくなった明かりを目撃した時刻や場所は、各供述内容に相違が見られ、O.Tの目撃供述よりも、各供述内容の相違が大きいといえる。

H.Mの目撃供述は、基本的に、「午後11時15分頃、明かりを目撃した。その後、小さくなった明かりを目撃した」という内容である。

そして、検討(1)、検討(2)の内容を覆すべき内容ではないと考える。

第2 灯油

1 検察官の主張

(1) 被害者の死体の焼損について

65頁の(4)に記載のとおりである。

(2) 弁護人の主張について

74頁の3(2)に記載のとおりである。

2 弁護人の主張

(1) 被害者の死体の焼損の不可能性

69頁の(8)に記載のとおりである。

3 裁判所の判断

(1) 2審判決

2審判決は、以下のように判示している。

このように、①人間の皮膚と豚の皮膚の差異、②焼損を開始した時点での体温の差異、③灯油の滞留状態の差異、そして、④自然条件自体にも自ずと差異があることに照らすと、

豚の燃焼実験結果から、灯油10リットルでは、本件死体のように焼損

することが不可能であるとはいえない。

4　検討(1)

(1)　2審判決の判示のとおり、豚の燃焼実験を行っても、豚と人は違うことから、その実験結果から、灯油10ℓでは、本件死体のように焼損することは不可能であると、結論付けることはできないと考えるのが妥当である。

(2)　なお、被告人の主任弁護人である、伊東秀子弁護士は、その著書の『恵庭OL殺人事件　こうして「犯人」は作られた』で、以下のように記載している。

　友人の市議会議員の励ます会に出席して、たまたま座ったテーブルで、当時マスコミを騒がせていた、恵庭OL殺人事件が話題になったところ、驚くべきことに、そのテーブルに、被害者の遺体を納棺した納棺業者がいた。

　納棺業者は、15年ほど前から、納棺師をしており、年間700体ほどを手掛け、延べ数で1万体ほどの遺体を扱っていた。

　納棺業者は、「被害者の遺体の炭化の状態と重さからいって、どう見ても、灯油で焼かれたとは思えない。ガソリンか、航空機燃料ではないか」、「灯油であれば、かなりの量を、時間をかけて、何度もかけて焼いた可能性が高い」と話してくれた。

(3)　他方、「財界さっぽろ」の2013年4月号の、上野正彦元東京都監察医務院長に対するインタビューで、以下のような記載がある。

　　――上野さんは恵庭OL殺人事件法医学鑑定をやられていますね。

　上野　事件が報道され始めた頃、弁護士から電話がありました。事件の概要を話され、10リットルの灯油で遺体が真っ黒くなるくらい焼けますかと聞いてきた。そうなっておかしくないですよと答え、それきりになっていた。それから4、5年たって鑑定を依頼されました。

　　――私も疑問に思うのですが、灯油で炭化するまで焼けるものですか。

　上野　着衣の上から灯油をかぶった焼身自殺などでは炭化するまで焼けています。着衣がロウソクの芯と同じ役割を果たしブツブツ燃えている。もちろん、発見が早ければそこまで焼けませんが、恵庭の場合、火が消えるまでかなり時間があったようですから。

5 再審請求審で明らかになった事実

(1) 伊藤鑑定

　弘前大学理工学部教授の伊藤昭彦は、灯油10ℓでは、本件死体のように焼損することはできないと鑑定している。理由は、以下のような理由である。

　灯油を、着衣のある死体にかけると、灯油は、衣服に染み込むことにより速やかに死体の全体に行き渡り、火炎と死体との間には灯油の層が形成される。

　それゆえ、火炎の熱は、いったん灯油に伝熱し、灯油から死体に伝熱するという経路をたどる。

　灯油10ℓをかけて点火したときに死体に伝わる熱量は、864kcalである。

　そして、人体の体重のうちの水分が占める割合は、少なめにみても60％あるから、被害者の体重が9kg減少したとすると、水分が5.4kg減少したことになる。水分5.4kgを蒸発させるために必要な熱量は、3287.5kcalである。

　これは、灯油10ℓをかけて点火したときに死体に伝わる熱量864kcalよりも、はるかに大きい。

　よって、灯油10ℓでは、本件死体のように焼損することはできない。

　豚の燃焼実験の結果も、これを裏付ける。

　この伊藤昭彦の鑑定は、弁護人が、同教授に依頼したことによるものであった。

(2) 須川鑑定

　東京理科大学システム工学部教授の須川修身は、灯油10ℓで、本件死体のように焼損することはできると鑑定している。理由は、以下のような理由である。

　灯油を、着衣のある死体にかけると、灯油が衣服に染み込んで行くにしても時間がかかるので、死体には灯油が行き渡る部分と、行き渡らない部分ができる。

　灯油が燃焼し、灯油が行き渡らない部分の皮膚が、高熱の炎に直接さらされることにより破壊されて、その部分から皮下脂肪が溶け出すことがある。

　溶け出した皮下脂肪が、衣服を芯として燃焼し、その燃焼した高熱の炎

にさらされた部分の皮下脂肪が、溶け出してさらに燃焼するという過程（独立燃焼）が成立し、それが、灯油がなくなった後も繰り返され、その結果、本件死体のように、炭化する程度まで焼損する可能性がある。

　この須川修身の鑑定は、検察官が、同教授に依頼したことによるものであった。

6　検討(2)～再審請求審で明らかになった事実

　鑑定については、専門家の意見が分かれている。

　仮に、灯油10ℓでは、本件死体のように焼損することは不可能であることが、科学的に明らかになった場合、その事実は、当然ながら、被告人が犯人ではないことを推認させる間接事実になる。

　しかし、例えば、被告人が、もともと灯油を所持していて、さらに、3月16日午前0時01分頃、セイコーマートふくみや店で、赤色ポリタンクに入った10ℓの灯油を購入し、これらを使って、被害者の死体を焼損した可能性もある。

　よって、仮に、灯油10ℓでは、本件死体のように焼損することは不可能であることが、科学的に明らかになったとしても、その事実から、論理必然的に、被告人が犯人ではないと結論付けられることにはならない。

第3　死体発見現場の周辺住民が目撃した2台の車

1　O.Kの目撃供述
(1)　捜査段階での供述～3月17日付け警察官調書
　　28頁の3(1)に記載のとおりである。
(2)　1審裁判での供述
　　29頁の(2)に記載のとおりである。

2　弁護人の主張
(1)　死体発見現場の周辺住民のO.Kが目撃した2台の車について
　　73頁の(12)に記載のとおりである。

3 裁判所の判断

(1) 1審判決

1審判決は、以下のように判示している。

(ア) 他方、O.Kは、公判段階で、「(中略)」旨供述するが、捜査段階の3月17日には、「(中略)」旨供述していたのであって、重要部分に供述の変遷がある上、

その理由として同人が釈明するところも、「警察による事情聴取の際、無意識に『見えた』復路の赤い光を、意識的に『見た』と言うのは、嘘になるとの考えがあり、赤い光を見たこと自体が自分のとって重要であったから、往路と復路とを区別せずに供述してしまい、それから10日以上経過して、何か変だなと気付いた」などという、かなり不可解なものではある。

しかし、被害者の死体に着火されて炎上する前に、同人が同交差点を右折したために炎に気付かなかったということは、十分にあり得るのであるから、前記O.T及びH.Mの各供述との間に決定的な矛盾があるわけではなく、

その第三者的立場や、視認可能性等、客観的証拠との整合性等をも考慮すると、

O.Kの公判段階での供述の信用性を、必ずしも否定できない。

(イ) なお、O.Kの公判段階での供述によれば、3月16日の午後11時5分ころ及び同日午後11時25分ころ、恵庭市北島南8号線上に、死体発見現場の方向を向いて2台の自動車が停車していて、この間、その2台が同所付近に居続けたことになるが、

これを前提にしても、犯人が、道路脇での被害者の焼損という極めて目立ち易い場面で、約20分も焼損現場付近にとどまるべき理由や必要に乏しく、

その2台の停車位置にしても、殊更に死体発見現場から後進又は遠回りして、焼損現場を殊更に車両正面に見据えるようにしたことになるなど、不可解であることなどからすると、

その2台の搭乗者は、犯人が死体に着火して速やかに逃走した直後、

O.TやH.Mと同様に、ゴミ焼き等による炎上として、単に傍観していたものと推認できる。

(2) ２審判決

２審判決は、以下のように判示している。

これに対して、O.Kは、原審において、「(中略)」旨供述している。

しかし、このO.K供述は、同人の３月17日付警察官調書の内容と、主要な点で大きく変遷しており、信用性に欠ける。

すなわち、同人は、原審では、「往路の際には、赤い光はみえず、復路の際、それを目撃した」旨供述するが、

警察官調書では、「(中略)」旨供述しており、

原審での供述と警察官調書では、赤い光らしきものを見た時期につき、往路と復路とで全く逆になっている。

そして、その理由として、同人は、「警察官による事情聴取の際、無意識に見えた復路の赤い光を、意識的に見たというのは、嘘になるとの考えがあり、赤い光を見たこと自体が自分にとって重要であったので、往路と復路を区別せずに供述した」と、にわかに理解し難い理由を述べている。

また、目撃したという２台の車についても、(中略)と供述するなど、主要な点において、大きく変遷している上、

記憶が鮮明なはずの目撃した翌日の供述よりも、目撃から約２年４か月を経過した時点での供述の方が、より詳細になっており、

しかも、最も重要な赤い光らしきものを見た時期につき、納得できる合理的な説明のないまま、午後11時５分ころ自宅を出た直後の往路から、午後11時15分ころJR北広島駅を出発し自宅に向かった復路に変わったという、不自然な経過をたどっている。

このように、O.Kの原審での供述は、信用性に欠けるもの(中略)と認めるのが相当である。

4 検討

(1) 確かに、O.Kの目撃供述には、裁判所の判断のとおり、信用し難いところがある。

しかし、O.Kは、死体発見現場の周辺住民で、利害関係を有しない第三者であることからすると、O.Kが、午後11時5分頃と午後11時25分頃、死体発見現場付近で、2台の車を目撃したことについて、虚偽の供述をしたとは考え難く、その事実は認められると考えるのが妥当である。
　そこで、<u>本件の問題点は、2台の車に乗っていた者は、犯人か、それとも、犯人ではない傍観者等か、そのいずれであるか</u>ということになる。

(2)　この点、2台の車に乗っていた者が、犯人であるとしたら、犯行後、20分以上も、現場付近にいたことになる。
　しかし、死体発見現場は、山の中のように、人が全く来ないような場所ではない。
　実際、O.Kから、2度も目撃されているし、O.TとH.Mも、死体発見現場方向に、炎や炎の明かりを目撃しており、犯人は、本件の犯人と発覚する危険がある行動をしていたことになる。

(3)　他方、2台の車に乗っていた者が、傍観者であるとしたら、死体が焼かれているのを見て、死体が焼かれていることに気付いたかは不明であるが、異様な光景であったと思われるから、その異様な光景故に、20分以上も傍観したということは十分に考えられる。
　また、弁護人は、仮に、O.Kが目撃した2台の車が、犯人ではない者が傍観していただけであるとしたら、警察に何らの通報もしなかったのは、不自然であると主張している。
　しかし、目撃者が、事件に関わり合いたくない等の理由で、警察に通報しないということはあり、目撃者がとる行動として、たまに見られる行動であると思われる。
　特に、2台の車に乗っていた者が、いずれも男性であった場合、自らが被疑者になる恐れもあるから、警察に通報しなかったことは十分に考えられる。
　また、弁護人は、夜は街灯もなく真っ暗な凍結した農道を、深夜近い午後11時過ぎ、ドライブする者などあり得ないことであると主張している。
　しかし、付近を通りかかったところ、数百m先に、炎のようなものを目撃し、何だろうと現場近くに見に行くことは十分に考えられる。

以上のことからすると、1審判決の判示のとおり、<u>2台の車に乗っていた者は、傍観者の可能性が高いと考えるのが妥当である。</u>

第4　被害者の死体の両足の開脚

1　弁護人の主張
(1)　複数の男性による強姦等の性犯罪

　65頁の2(1)に記載のとおり、弁護人は、「死体の両足は、股関節から大きく開脚していて、死体は、一般的な焼死体とは異なり、強姦死体に似た姿勢であること」等を理由として、本件は、複数の男性による強姦等の性犯罪であり、犯人らは、故意又は過失により、被害者を死なせたものであると主張している。

2　裁判所の判断
(1)　2審判決

　2審判決は、以下のように判示している。

　所論は、被害者の死体が、開脚状態で発見され、下半身、特に陰部等の焼損程度が激しいこと（中略）などを根拠に、本件は複数の男性による性犯罪であって、被告人は犯人ではない旨主張する。

　しかし、（中略）、確かに、上野証人は、「本件被害者の死体は、焼損される以前に、両足を広げられており、強姦殺人事件の可能性がある上、陰部が開脚状態で炭化の状態が激しいので、性的暴行の事実を隠そうとした疑いがある」などと証言しているが、

　他方で、同証人は、「本当に本件が強姦殺人事件とすれば、死体発見現場が強姦殺人の現場と思われるが、積雪のある中、そのような場所で強姦等の性犯罪が行われるのは考えにくい」、「犯人が死体を十分に損傷するために、両足を広げた状態で灯油をかけて火をつけたことも十分考えられる」、「開脚していることを除き、強姦殺人事件が疑われる具体的な根拠は特にない」などとも証言しているのであって、

被害者の死体が，開脚状態で発見され，下半身，特に陰部等の焼損程度が激しいことは，性犯罪が行われたとの根拠としては甚だ乏しいものである。

3 　検討

「死体の両足は、股関節から大きく開脚していて、死体は、一般的な焼死体とは異なり、強姦死体に似た姿勢であること」を、どのように考えるかを検討する。

この点、被害者が、複数の男性の犯人らにより、両足を開脚させられて、強姦等の性犯罪の被害に遭い、犯人らが、故意又は過失により、被害者を死なせたことにより、被害者の死体の両足が、股関節から大きく開脚した可能性がある。

しかし、この場合、強姦等の性犯罪が行われたのは、死体発見現場であることになるが、積雪のある中、そのような場所で、強姦等の性犯罪が行われるのは、考えにくい。

また、被害者が、犯人らの使用車両内で、犯人らにより、両足を開脚させられて、強姦等の性犯罪の被害に遭い、犯人らが、故意又は過失により、被害者を死なせたことにより、被害者の死体の両足が、股関節から大きく開脚した可能性がある。

しかし、この場合、その後、犯人らは、被害者の死体を、車外の死体発見現場まで運んだことになるが、被害者の両足が股関節から大きく開脚したままだと、運びにくいことから、両足を閉じて運ぶことが多いと思われ、そうすると、死体発見現場に置かれた被害者の死体の両足は、股関節から大きく開脚せずに、閉じていることが多いと思われる。

以上のことからすると、「死体の両足は、股関節から大きく開脚していて、死体は、一般的な焼死体とは異なり、強姦死体に似た姿勢であること」は、弁護人の主張（複数の男性による強姦等の性犯罪）を、弱く根拠付けるに過ぎないと考えるのが妥当である。

第5章

被告人が犯人ではないとした場合の問題点

1　「被告人が犯人であることを推認させる間接事実」の検討結果

158頁の2(1)〜(9)に記載のとおりである。

2　検討

　被告人が犯人ではないとしたら、158頁の2(1)〜(8)の「被告人が犯人であることを推認させる間接事実」は、偶然が重なって起きたことになる。

　158頁の2(1)(ア)に記載のとおり、犯人は、Kビール事業所の従業員と考えるのが妥当であるところ、被告人は、Kビール事業所の従業員であり、また、Kビール事業所の従業員は、52人（53人から被害者を除く）であったことから、この検討で、犯人は、相当絞られているといえる。

　このような状況で、158頁の2(1)(イ)〜(8)の「被告人が犯人であることを推認させる間接事実」、つまり、これだけ多くの事実が、全て、偶然が何重にも重なって起きたというのは、およそ考えられない。

第6章

結論

　以上のことを総合考慮すると、被告人が犯人であると、合理的な疑いを差し挟む余地なく認定できると考えるのが妥当である。

参考文献

- 「恵庭冤罪事件被害者支援会」のHP　現在閉鎖
- 『恵庭OL殺人事件　こうして「犯人」は作られた』(伊東秀子)
  (日本評論社)
- 『再審と科学鑑定　鑑定で「不可知論」は克服できる』(矢澤曻治編)
  (日本評論社)
- 『殺ったのはおまえだ　修羅となりし者たち、宿命の9事件』
  (「新潮45」編集部編)(新潮文庫)

著者プロフィール

法律　太郎（ほうりつ　たろう）

平成12年　司法試験合格

法律太郎は、ペンネーム

冤罪疑惑「恵庭OL殺人事件」の謎を解く

2016年10月3日　発行

著　者　法律　太郎
発行所　ブックウェイ
〒670-0933　姫路市平野町62
TEL.079 (222) 5372　FAX.079 (223) 3523
http://bookway.jp
印刷所　小野高速印刷株式会社
©Tarou Houritsu 2016, Printed in Japan
ISBN978-4-86584-134-3

乱丁本・落丁本は送料小社負担でお取り換えいたします。

本書のコピー、スキャン、デジタル化等の無断複製は著作権法上での例外を除き禁じられています。本書を代行業者等の第三者に依頼してスキャンやデジタル化することは、たとえ個人や家庭内の利用でも一切認められておりません。